Als die Stadt brannte

Arno Surminski

Als die Stadt brannte

Erzählungen gegen den Krieg

Ellert & Richter Verlag

Inhalt

Vorbemerkung

Es gibt nicht mehr viele Menschen, die den Zweiten Weltkrieg erlebt und durchlitten haben. Bevor die letzten Zeugen verstummen, sollten sie aufschreiben, was sie zu sagen haben. Die Erzählungen dieses Bandes enthalten solche Aufzeichnungen.

Arno Surminski wurde 1934 in Ostpreußen geboren, er erlebte die Zeit des nationalsozialistischen Regimes und den Zweiten Weltkrieg. Seine Eltern wurden 1945 in die Sowjetunion deportiert und sind dort in einem Lager gestorben. Als Elfjähriger wanderte er nach dem Ende des Krieges durch das menschenleere Ostpreußen und wurde im Dezember 1945 mit den übrigen Deutschen seines Dorfes in einem Güterzug nach Deutschland deportiert. Er ging schwarz über die damalige Zonengrenze zu entfernten Verwandten aus seinem Heimatdorf, die nach Schleswig-Holstein geflüchtet waren. 1974 erschien sein erstes Buch, der Roman „Jokehnen oder Wie lange fährt man von Ostpreußen nach Deutschland“.

Statt eines Vorworts

Es ist der Fluch der Zeit, dass Tolle Blinde führen.
William Shakespeare (1564–1616), englischer Dichter, Theaterunternehmer und Schauspieler

Wo man Soldaten braucht, da ist auch Krieg,
und wo Krieg ist, da muss der Unschuldige sowohl
als der Schuldige herhalten.
Hans Jakob Christoffel von Grimmelshausen (1622–1676), der Autor beschrieb im „Simplicissimus" den 30-jährigen Krieg 1618–1648

Leiden, ach, zu allen Zeiten
muss der kleine Mann, wenn die Großen streiten.
Jean de La Fontaine (1621–1695), französischer Fabeldichter und Novellist

Wie das größte physische Übel der Tod ist,
so ist das größte moralische zweifellos der Krieg.
Voltaire (1694–1778), eigentlich François-Marie Arouet, französischer Philosoph der Aufklärung, Historiker und Geschichts-Schriftsteller

Der wirkliche Heroismus besteht darin,
dass man nicht unter der Fahne der Aufopferung,
Hingebung, Uneigennützigkeit kämpft,
sondern gar nicht kämpft.
Friedrich Wilhelm Nietzsche (1844–1900),
deutscher Philosoph, Essayist, Lyriker und Schriftsteller

Kriegsmüde – das ist das dümmste von allen Worten, die die Zeit hat. Kriegsmüde sein, das heißt müde sein des Mordes, müde des Raubes, müde der Lüge, müde der Dummheit, müde des Hungers, müde der Krankheit, müde des Schmutzes, müde des Chaos. War man je zu all dem frisch und munter? … Kriegsmüde hat man immer zu sein, das heißt nicht nachdem, sondern ehe man den Krieg begonnen hat.
Karl Kraus (1874–1936), österreichischer Schriftsteller, Publizist, Satiriker, Lyriker, Aphoristiker und Dramatiker

Aber wenn wir nicht mehr wollen –:
dann gibt es nie wieder Krieg –!
Kurt Tucholsky (1890–1935; Freitod),
deutscher Journalist und Schriftsteller

Als der Krieg kam, erhielt die Inhumanität,
die in uns war, freien Lauf.
Albert Schweitzer (1875–1965), deutsch-französischer Arzt, Theologe, Musiker und Kulturphilosoph, Friedensnobelpreis 1952

Der Krieg verschlingt alle lebenden Wesen
wie eine Feuersbrunst.
*Dalai Lama (*1935), (Das Lächeln des Himmels), eigentlich Tenzin Gyatso, 14. geistiges und politisches Oberhaupt der Tibeter, wurde 1989 mit dem Friedensnobelpreis ausgezeichnet.*

Dies ist unser aller Hoffnung: Dass die Erinnerung an das Leid des Krieges nicht Rache gebiert, sondern immer mehr Menschen und Nationen den Ausweg in einem friedlichen Zusammenleben der Völker suchen lässt.
*Joachim Gauck (*1940), Altbundespräsident, am 15. November 2015 bei einer Gedenkstunde im Bundestag*

Elegie im Kriege

Lieder sing ich, seit ich denke,
weil mein Herz empfindsam ist
und den Spender der Geschenke
im Genießen nicht vergisst.
Doch sie haben mich vergessen,
denen ich mein Lied beschert.
Niemand lebt auf Erden, dessen
Seele meines Sangs noch wert.
Heldentaten zu vollbringen,
ist kein Lob in dieser Zeit:
Disziplin heißt sie vollbringen,
Angst gebiert die Tapferkeit.
Liebe, die das Herz beseligt,
zupft an keiner Leier mehr.
Hass ersetzt sie. Hass befehligt.
Hass ist Heil und Pflicht und Wehr.
Niemals kehrt die Freude wieder
und das Licht, das uns umgab.
Still versinken auch die Lieder
in der Menschheit Massengrab.

Erich Mühsam (1878–1934; ermordet im KZ Oranienburg), dt. Schriftsteller, Anarchist und Pazifist, Hg. der Zeitschriften „Kain“ und „Fanal“

Als die Stadt brannte

Warum ist es so heiß? fragte das Kind.

Weil drüben ein Haus brennt, antwortete die Mutter.

Kann man es nicht löschen?

Ach, es brennen so viele Häuser.

Das Kind wollte zum Fenster laufen, um die brennenden Häuser zu sehen, aber die Mutter hielt es zurück.

Das ist nichts für Kinder, sagte sie.

Kann es im Winter Gewitter geben? fragte das Kind.

Was du hörst, sind die Bomben, antwortete die Mutter.

Warum sind sie so laut?

Weil Krieg ist. Krieg ist immer laut.

Kommt er auch zu uns? fragte das Kind.

Er ist schon da. Du solltest dich anziehen, damit wir weglaufen können, wenn er an unsere Tür klopft.

Es riecht so komisch, wunderte sich das Kind.

Das ist der Rauch, sagte die Mutter. Wenn ein Haus brennt, zieht der Rauch die Straße rauf und runter, dringt durch Türen und Fenster in alle Stuben.

Müssen wir vor dem Rauch weglaufen?

Rauch ist genauso gefährlich wie Feuer, erklärte die Mutter. Wir dürfen ihn nicht ins Haus lassen. Wir schließen alle Türen und Fenster und lassen den Krieg nicht rein.

Als eine Bombe in der Nähe einschlug, zitterten Wände und Fensterscheiben.

Hört der Krieg niemals auf? fragte das Kind.

Die Mutter reichte ihm eine kleine Puppe, ergriff seine Hand und rannte mit dem Kind die Treppe hinunter in den Keller.

Hier sind wir sicher, sagte sie.

Im Keller saßen schon andere und warteten auf das Ende des Krieges.

Die Kinder sollten schlafen, erklärte der alte Mann. Aber die Bomben sind zu laut.

Ob die Sonne heute aufgeht? fragte das Kind.

Wir werden die Sonne nicht sehen, weil zu viel Rauch in der Luft hängt, antwortete die Mutter. Aber sie kommt, irgendwann geht die Sonne auf.

Nach Mitternacht flogen die Bombenflugzeuge nach Hause. Eine sonderbare Stille lag über der Stadt.

Sie holen neue Bomben, sagte der alte Mann.

Sie warteten auf die Sonne und den Morgen, die den Rauch vertreiben und die Feuer löschen sollten.

Ich werde zur Elbe laufen, sagte der alte Mann. Am Fluss bin ich sicher, weil Wasser nicht brennen kann.

Nimm uns mit! rief die Mutter.

Das Kind war eingeschlafen. Sie nahm es auf den Arm und ging mit dem alten Mann vor die Tür.

Wenn du aufwachst, ist schon Frühling, flüsterte die Mutter.

Septembergewitter

Die letzten Tage des Sommers ließen sich gut an. In den Büschen hingen die Fäden des Altweibersommers, in den Gärten blühten Phloxe und Herbstastern, auf den Feldern brachen die Pflüge die Erde und bereiteten den Boden für neue Aussaat und Ernte.

Dorota erlebte erwartungsvolle Tage.

Im September fängt deine Schule an, hatte die Mutter gesagt. Du wirst ein gescheites Mädchen werden, du wirst Bücher lesen und lange Briefe schreiben.

Werden wir auch singen? fragte Dorota.

Oh ja, es gibt Lieder von Frühling und Sommer, antwortete die Mutter.

Von den Bäumen fielen die ersten Kastanien. Dorota sammelte sie in die Schürze, befreite die Früchte von der stacheligen Schale und legte sie in einem Kreis unter das Fenster.

In der Schule werdet ihr Zahlen lernen, sagte die Mutter. Dann kannst du die Kastanien im Kreis zählen, auch die Tauben auf dem Dach und die Hocken auf dem Feld. Gute Rechner dürfen auch die Blumen im Garten zählen. Du wirst lernen, warum die Sonne aufgeht und warum sie untergeht und wie viele Kastanien in deinem Kreis liegen.

Am Abend packte die Mutter die Schulsachen in die Tasche und hängte sie an die Haustür.

Noch einmal schlafen, dann fängt die Schule an, sagte sie.

Die älteren Kinder, die Dorota kannte, freuten sich weniger auf den ersten Schultag. Sie tobten lieber am Ufer des Weichselstroms und spielten mit bunten Bällen.

Dein schönes Leben hat bald ein Ende! riefen sie Dorota zu.

Aber die glaubte, mit dem ersten Schultag fange das schöne Leben an. Sie wollte schreiben, lesen, malen und singen.

Die Schule sollte an einem Freitag beginnen.

Wenn die Schule anfängt, endet der Sommer, sagten die Alten. Weihnachten, wenn der erste Schnee fällt, gibt es Ferien.

In guter Stimmung schlief sie am Donnerstag ein und wartete auf den Freitag. Der begann mit einem schönen Morgen. Die Kinder, die zum ersten Mal die Schule besuchen durften, gingen an der Hand ihrer Mütter. Auf der Straße machten sie allerlei Späße, warfen Kastanien in die Gärten und sammelten Äpfel, die vom Baum gefallen waren. Fern hinter der Weichsel hörten sie Donnergrollen wie von einem heraufziehenden Gewitter. Über der geöffneten Schultür hing ein weiß-rotes Tuch. Der Lehrer trug eine Uniform und empfing sie mit ernstem Gesicht. Als die Kinder vor der Tür versammelt standen, sagte er: Geht nach Hause, Kinder, es ist Krieg.

Ein kleiner Berg

Sie hatten es wieder und wieder gesagt: Wenn du den Feind nicht tötest, wird er dich töten. Auch die Alten und die Jungen musst du töten, die Kleinen und die Großen. Wenn du sie schonst, wird es neue Feinde geben, die dich töten und deine Mutter. Mit solchen Worten hatten sie das biblische „Du sollst nicht töten" in „Du sollst töten" verwandelt.

Als Aljoscha in das Land des Feindes stürmte, fand er es von Menschen verlassen. Die Bewohner waren geflohen, nur Kranke und Alte, die die Mühen einer Flucht im Winter nicht auf sich nehmen wollten, kauerten an wärmenden Stubenöfen. Von seinen Eltern hatte Aljoscha gelernt, Alte und Schwache gut zu behandeln. Das galt aber nur für die eigenen Leute, nicht im Feindesland.

In einer Kammer fand er ein altes Paar, grau und gebrechlich. Der Mann lehnte am Fensterkreuz, die Arme erhoben, die Frau saß am Ofen, die gefalteten Hände im Schoss. Ihre grauen Augen starrten auf die Maschinenpistole.

Du sollst töten, hatten sie befohlen, aber Aljoscha konnte es nicht, weil die weißen Haare und die grauen

Augen so nahe waren und ihn an die alten Frauen erinnerten, die zu Hause in Wiljuschin abends am Feuer saßen und sangen. Du sollst nicht töten, sangen sie.

Wären sie nicht so nahe gewesen, hätte er es tun können. Aus der Ferne, wenn die Konturen verschwimmen, der Mensch zu einem Strich in der Landschaft wird, ist alles möglich. Das sagten die, die solche Befehle geben.

Der alte Mann senkte, weil ihn die Kräfte verließen, die Arme. Schwer atmend lehnte er an der Fensterbank.

Dawai! rief Aljoscha, riss die Tür auf und zeigte auf die Schneelandschaft. Sie sollten gehen, hieß das, den Hang hinaufgehen, sich entfernen, nur fort, nicht in seiner Nähe bleiben. Als er ein Loch in die Tür schoss, sprang die Frau auf, griff nach einem Wolltuch und streifte Handschuhe über die Hände. Der Mann setzte seine Mütze auf. So gingen beide in den Winter.

Vor dem Haus blieben sie stehen, unschlüssig, wohin sie gehen sollten.

Dawai! schrie Aljoscha und zeigte zum Hang hinauf.

Nur ein kleiner Berg, sagte der Mann zu seiner Frau.

Noch nie sind wir im Winter hinaufgegangen, antwortete die Frau. Ja, im Sommer, wenn die Butterblumen blühen, wäre es eine Freude, aber nicht in diesem nassen, knirschenden Schnee.

Hinter dem Berg wird alles gut, sagte er.

Es wird nie wieder gut, jammerte sie. Hinter einem Berg kommt ein zweiter Berg und so weiter und weiter. Das ganze Leben besteht aus Bergen.

Sie wagten nicht, sich umzuschauen, aber sie spürten, dass der Soldat vor ihrem Haus stand und ihnen nachblickte. Als sie stehen blieben, schrie er Dawai.

Sie hörten einen Schuss und erschraken. Er schießt hinter uns her, sagte die Frau und klammerte sich an den Arm des Mannes.

Wäre der Schnee nicht so weiß, könnte es schon Nacht sein, sagte der Mann. Im Dunkeln sieht er uns nicht, im Dunkeln kann er schießen, aber er wird nicht treffen.

Wir sollten zur Feldscheune laufen, meinte die Frau.

Ach, die Feldscheune, die liegt hinter den sieben Bergen, antwortete er.

Im Dämmerlicht verschwammen die Gestalten, Aljoscha konnte sie kaum noch erkennen. Sie kamen ihm vor wie zwei schwarze Striche, die über dem Schnee schwebten, aufstiegen, zu Boden fielen, sich berührten, wieder entfernten. Es werden wilde Tiere sein, dachte er.

Ein paar Schritte noch, sagte der Mann.

In diesem Augenblick ratterte die Maschinenpistole los.

Warum hast du mich gestoßen? rief die Frau, bevor sie in den Schnee fiel.

Wir sind gleich über dem Berg! antwortete er.

Mir ist so heiß, sagte sie.

Er beugte sich über sie. Der Schnee ist blutig, konnte er noch sagen, bevor auch ihn ein Feuerstoß niederstreckte.

Danach war es still, so still, wie Winterabende sein können.

Nach Hause

Jene Nacht veränderte ihr Leben. Als die ersten Granaten im Park einschlugen, rannten alle, die in den Stallungen lagen, ins Gutshaus, weil sie glaubten, dort wären sie sicher. Im Gutshaus brannte bald der Südflügel. Wer Pferd und Wagen besaß, spannte an und flüchtete in die abseits gelegene Feldscheune. So auch Ernst Grieg, der aus der Sensburger Gegend bis zu dieser Scheune geflüchtet war.

Wir hätten zu Hause bleiben sollen, sagte seine Frau Anna, die unter der Plane saß und mit ansehen musste, wie ihr Mann auf die Pferde eindrosch.

Zu Hause ist die Welt schon untergegangen, antwortete er.

In der Feldscheune herrschte Stille. Durch einen Spalt im Tor beobachtete Ernst Grieg das brennende Gutshaus, hörte Scheiben klirren und Maschinenpistolen rattern.

Zu den Kindern sind sie gut, hatte ihnen ein deutscher Soldat gesagt, die Frauen gebrauchen sie, die Männer werden erschossen. So sind die Russen.

Nach einer halben Stunde kam ein Trupp russischer Soldaten über den Schneeacker zur Feldscheune.

Sie schossen von außen in die Holzwände.

Nur nicht die Pferde töten, flüsterte Anna.

Sie rissen das Tor auf und leuchteten mit Taschenlampen die Strohhaufen ab. Als einer eine Salve ins Dach feuerte, gingen die Pferde hoch.

Nein, Frauen suchten sie nicht, dafür waren sie noch zu jung, fast Kinder. Einer steckte sich eine Zigarette an, das war männlich genug.

Nun wird auch die Scheune brennen, flüsterte Anna.

Paschly na domo! rief der mit der Zigarette und zeigte in die Himmelsrichtung, aus der er gekommen war.

Wir hätten zu Hause bleiben sollen, flüsterte Anna.

Dann wären wir tot, antwortete Ernst Grieg.

Vom Gutshaus her hörten sie Gefechtslärm. Befehle wurden gerufen. Als neben der Feldscheune Granaten einschlugen, wurden die Pferde unruhig.

Nur nicht die Tiere töten, jammerte Anna.

Erst nach Mitternacht hörte das Schießen auf. Die Flüchtlinge versorgten ihre Pferde und warteten auf den Morgen, um weiterzufahren nach Westen oder Osten, nur weg von der Front. Bei Tageslicht sahen sie den rauchenden Aschehaufen, an der Stelle, an der das Gutshaus gestanden hatte. Hier und da lagen Tote, die so aussahen, als wären sie vor langer Zeit gestorben.

Auch tote Pferde begegneten ihnen und ein zertrümmertes Fuhrwerk.

Einige wollten dem Krieg hinterherfahren, um doch noch im Westen anzukommen. Andere dachten, in der Feldscheune zu bleiben, bis sich alles beruhigt hatte. Ernst Grieg wollte nach Hause.

Wir haben uns schon genug rumgetrieben, meinte auch Anna. Zu Hause wartet viel Arbeit auf uns.

Sie dachte an die Kühe, denen sie die Stalltüren geöffnet hatten und die gefüttert und gemolken werden mussten, wenn sie nicht davongelaufen waren.

Paschly na domo! rief ein russischer Soldat. Ja, zu Hause wurden sie gebraucht.

Sie aßen Schmalzbrot und tranken Schmelzwasser.

Vielleicht kommen die Unsrigen zurück, erklärte eine Frau mit zwei kleinen Kindern, die auch nicht wusste, ob sie nach West oder Ost laufen sollte. Ein alter Mann verstieg sich zu der Behauptung, das Zuhause, zu dem sie fahren wollten, gebe es gar nicht mehr.

Ernst Grieg spannte an.

Wir wollen dahin, wo wir hergekommen sind, sagte er. Da sind wir zu Hause. Wir kennen keinen anderen Ort, zu dem wir gehören.

Sie wunderten sich über die Stille, die das Land befallen hatte. Nachts nur der Lärm des Krieges, der das Gutshaus eingeäschert und den Schnee zum Schmelzen gebracht hatte. Es räucherten nur noch Ruinen. Auf der Straße trafen sie schmutzigen, zerfahrenen und zertretenen Schnee, der an einigen Stellen rot schimmerte.

Am Straßenrand fanden sie ein verwundetes Pferd. Es war schwer verletzt.

Sie fuhren der Sonne entgegen. Ja, es gab sie noch, die kalte Wintersonne, die den Schnee glitzern und den Raureif von den Chausseebäumen rieseln ließ. Wo die Sonne aufgegangen war, musste ihr Zuhause sein.

Die Pferde trabten, ohne dass er ihnen die Peitsche geben musste.

Die wissen auch, wo es nach Hause geht, sagte Ernst Grieg.

Wo waren die Menschen geblieben? Die Gehöfte an der Straße sahen ordentlich aus, erst aus der Nähe entdeckten sie Brandspuren und Verwüstungen. Keiner war zu Hause.

Eine Lastwagenkolonne kam ihnen entgegen, beladen mit Treibstoff für die Front. Im Vorbeifahren warfen die Räder Schneematsch gegen das Fuhrwerk und beschmutzten die Pferde.

Gegen Mittag hielten sie Rast. Ernst Grieg gab den Pferden Heu aus einem verlassenen Schober, die Frau suchte einen Platz, um abzukochen. Vor einem Gehöft unweit der Straße türmten sich Betten und Mobiliar, dazwischen lagen verendete Rinder. Die Tür war aus den Angeln gerissen, die Fenster hatten ihr Glas verloren.

Ich geh nicht ins Haus, sagte Anna.

Auf dem Hofplatz entzündeten sie ein Feuer. Anna kochte Schneewasser, rührte Suppe, rührte und rührte, murmelte dazu Unverständliches.

Sie betet, dachte er. Wenn es bei uns auch so aussieht, lohnt es nicht, nach Hause zu fahren, sagte Ernst Grieg.

Warum müssen sie alles zerstören? fragte Anna. Betten, Kleider und Schränke könnten sie in Russland gut gebrauchen.

So ist Krieg, antwortete er. Er tritt nicht die Schuhe ab, er klopft nicht an und bittet, eintreten zu dürfen. Er will zerstören, was dem Feind gehört, weiter nichts.

Von einem fernen Gebäude kam einer schreiend über den Acker gelaufen. Einen Steinwurf vor ihrem Feuer blieb er stehen und starrte sie an. Schließlich umkreiste er, dabei laut mit sich redend, ihre Feuerstelle.

Den hat der Krieg um den Verstand gebracht, sagte Anna. Besser, wir fahren weiter, bevor er etwas Schlimmes anrichtet.

Sie erreichten die Stadt Wormditt. Das Ortsschild war mehrfach durchschossen, der Name kaum noch zu erkennen.

Hier fuhr früher die Eisenbahn nach Berlin, wusste Anna.

Vergiss Berlin, wir wollen nach Hause, brummte Ernst Grieg.

Wie lange wird es dauern? fragte sie.

Er rechnete mit drei Tagen.

Bald sind wir in Bartenstein, sagte Anna. Da lebt Cousine Hertha.

Wenn sie noch lebt, sagte er.

Bei ihr könnten wir ausruhen und die Pferde schonen, erklärte Anna.

Vor Bartenstein kamen sie an eine Straßensperre. Ein Offizier befahl abzusteigen. Es sei nichts Schlimmes, sagte er in gutem Deutsch. Nur eben, die Pferde würden gebraucht, um Geschütze und Gulaschkanonen zu ziehen.

Ernst Grieg spannte aus. Zwei Soldaten führten die Tiere zu den anderen Pferden, die in einem Apfelgarten darauf warteten, im Krieg gebraucht zu werden. Den Wagen mit allem, was sie besaßen, ließen sie an der Straße stehen.

Paschly na domo! rief ein Offizier und zeigte lachend zu der Straße, die nach Hause führte.

Es geht zu wie bei Hans im Glück, jammerte Anna. Erst die Pferde, dann der Wagen. Wenn wir zu Hause ankommen, haben wir nur, was wir am Leib tragen.

Zum ersten Mal weinte sie.

Sie hängten Beutel, Taschen und Körbe an eine Stange und trugen sie gemeinsam. Ernst Grieg band sich einen Sack auf seinen Rücken, Anna trug ein Täschchen mit Gegenständen, die ihr wertvoll erschienen: ein Stück Seife, Streichhölzer, Kämme.

Der Fleißige läuft sich tot, der Faule trägt sich tot, sagten die Alten. Wir beide werden laufen und tragen, bis wir zu Hause ankommen oder tot umfallen, meinte Anna.

Sie rechneten die Kilometer aus, die ihnen bevorstanden.

Es wird Frühling sein, wenn wir ankommen, bemerkte er.

Das Wort Frühling lenkte sie ab von der Mühe des Weges. Sie hielten Ausschau nach Schneeglöckchen, hörten die Amseln flöten und auf dem Scheunendach Störche klappern.

So wird es sein, sagte Anna.

Noch hörten sie nur den Krieg, von dem Ernst Grieg behauptete, er gehe einmal so und dann wieder anders rum. Du kannst dich nicht auf ihn verlassen.

Sie gerieten in eine Beerdigung. Kein feierliches Glockenläuten war zu vernehmen, sie sahen nur ein Dutzend alter Männer, die von den Soldaten zusammengetrieben waren, um die hartgefrorene Erde aufzubrechen. Ein Posten stand daneben und rauchte Zigarette um Zigarette. Auf einem Leiterwagen lagen wie Garben geschichtet die Toten, für die sie gruben.

Der Krieg ist ein fleißiger Sensenmann, sagte Ernst Grieg.

Anna schloss die Augen.

Nun betet sie wieder, dachte er.

Als sie zur Mittagszeit am Straßenrand rasteten, hielt ein Auto. Vier Soldaten stiegen aus und musterten sie neugierig. Der eine zog Anna das Tuch vom Kopf. Als er das graue Haar erblickte, ließ er von ihr ab.

Gut, dass wir so alt sind, sagte Ernst Grieg.

Bevor die vier zu ihrem Auto zurückkehrten, riss einer Ernst Grieg die Uhr aus der Westentasche.

Nun weiß keiner mehr, was die Stunde geschlagen hat, sagte Anna.

Was brauchen wir Zeit! rief er. Uns genügen die Sonnenaufgänge.

Gegen Abend kamen sie in eine Stadt, in der noch Feuer brannten. Sie suchten einen Stall, den das Feuer verschont hatte. Dort schliefen sie mit Ratten und Mäusen und hörten auf der Straße das Dröhnen der Öllastwagen, die an die Front fuhren.

Die neuen Kriege brauchen mehr Öl als Pferde, meinte Ernst Grieg.

Er tröstete Anna mit dem Gedanken, neue Pferde einzufangen. Unterwegs werden sie ihnen zulaufen, herrenlose Tiere, die sich in den Wäldern verirrt haben und froh sind, von Ernst Grieg an die Leine genommen zu werden.

Als Erstes fanden sie eine Kuh, die den Kopf durch ein Stallfenster streckte und brüllte. Ernst Grieg suchte einen Strick, warf ihn der Kuh um den Hals und befestigte ihn an einem Baum. Außerdem fand er zwei Leichen, die in einem Sessel neben dem Kachelofen saßen und so taten, als ob sie schliefen. Anna besorgte eine Schüssel von der Art, wie sie beim Schlachten zum Blutrühren gebraucht wurde. Sie fettete die harten Striche der Kuh ein und versuchte, dem prallen Euter Milch zu entlocken. Die Kuh schlug aus, weil das geschwollene Euter schmerzte. Ernst Grieg redete so lange auf das Tier ein, bis er endlich das vertraute Geräusch hörte: Ein Milchstrahl traf den Boden der Blechschüssel.

Nachdem sie die Kuh abgemolken hatten, tranken beide die Schüssel leer. Anna schlug vor, das Tier mit nach Hause zu nehmen.

Dann haben wir jeden Abend Milch, sagte sie.

Sie banden der Kuh ein paar Taschen und Körbe auf den Rücken. Ernst Grieg ging vorweg, zog das Tier am Strick, Anna folgte mit einem Stecken in der Hand.

Wie Hans im Glück! sagte sie. Der gab sein Pferd und bekam dafür eine Kuh. Und zum Schluss hatte er gar nichts mehr.

Nach zwei Stunden blieb das Tier mitten auf der Landstraße stehen. Weder Schläge, noch gutes Zureden halfen weiter. Ernst Grieg nahm der Kuh das Gepäck ab, hängte es wieder an die Tragestange und ließ das Tier allein zurück. Als sie sich umschauten, sahen sie, wie die Kuh sich in den Chausseegraben legte.

An einer Kreuzung fand sich einer, der eine Maschinenpistole vor der Brust trug und in ihre Taschen sehen wollte. Er nahm Annas Handschuhe und eine Zigarrenkiste, die mit deutschem Geld gefüllt war. Schließlich fragte er nach Uhren und Ringen. Dafür kam er zu spät.

Sie trafen keine Deutschen mehr. Nur die Wegweiser hielten sich an die alte Sprache und zeigten den Weg nach Hause.

An einer Kreuzung begegnete ihnen eine Kolonne, die im Straßengraben Pause machte. Die Soldaten saßen auf einem Baumstamm neben einem dampfenden Suppenkessel. Als die beiden Alten vorbeigingen, rief der Soldat, der die Suppenkelle schwang, ihnen etwas zu. Er nahm einem anderen, der schon gegessen hatte, das Kochgeschirr aus der Hand, schenkte es randvoll mit Suppe und reichte es Anna.

Es wäre nun angebracht gewesen, sich in fremder Sprache zu bedanken. Dafür wäre das Wort *spasibo* nötig gewesen. Sie kannten es nicht, konnten nur lachen und den Kopf neigen. Auch die Soldaten lachten, als einer die goldenen Eheringe fand, die Anna in den Saum ihres Mantels genäht hatte.

Teure Suppe, bemerkte Ernst Grieg, als die beiden Ringe von einem Soldaten zum anderen wanderten und nicht zurückkehrten.

Ihre Nahrung suchten sie in verlassenen Häusern. Anna wusste, wo Kartoffeln und Rüben lagerten und das letzte Korn auf die Aussaat wartete. Als sie ein Eimerchen mit Honig fand, war die Freude groß. Noch mehr bedeutete ihnen die Speckseite, die in einer Kate unter dem Dach hing. Diese Schätze gehörten niemand, wer sie fand, durfte sie behalten. Es gab kein Mein und Dein, alles gehörte dem Krieg.

Sie sprachen häufig vom guten Leben, das sie zu Hause erwartete. Neben einem Apfelbaum im Garten hatten sie Würste und Einmachgläser in der Erde vergraben. An den Dachbalken hingen Säcke voller Mehl, um Brot zu backen. Ende Februar werden die Hühner Eier legen.

Vor einer Notbrücke aus Holz trafen sie einen Offizier, der Papiere verlangte. Eine Frau an seiner Seite übersetzte seine Befehle. Jenseits der Brücke beginne Russland, sagte sie. Es sei guter Brauch, beim Betreten eines fremden Landes Dokumente vorzulegen.

Wir sind hier zu Hause, antwortete Ernst Grieg.

Der Offizier ließ fragen, ob sie Russen werden wollten. Wenn ja, dürfe er sie über die Brücke lassen.

Es ist einerlei, was für Menschen wir werden, wir wollen nur nach Hause, sagte Anna.

Da ließ er sie – es war der vorletzte Tag des Monats Februar – über die Brücke ziehen. Unter ihnen schwammen Eisschollen, und Anna dachte daran, sich auf eine Eisscholle zu setzen, die nach Hause trieb.

Die Provinz war arg unter die Räder gekommen. Ihr fehlte es vor allem an Glas. Haustüren waren keine Haustüren mehr, Wagen waren in die Gräben gefallen. Zieht bloß weiter! riefen ihnen die Trümmerhaufen zu. Bei uns ist es nicht geheuer!

Ernst Grieg hielt Ausschau nach der Windmühle ihres Dorfes. Anna suchte das Wäldchen mit den Toten, die sie hatten zurücklassen müssen. Sie sprachen von dem Wirtshaus in gelber Farbe und der Schule in Weiß, dem See mit den vielen Fischen und ihrem Bauernhaus, das von Apfelbäumen umgeben war.

Die Katze hat bestimmt schon Junge geworfen, sagte Anna und malte sich aus, von vier kleinen Kätzchen an der Haustür begrüßt zu werden.

Es kam der Tag, an dem er zu humpeln begann. Sie legten häufiger Pausen ein, er sprach von einem Wagen und zwei Pferden, die sie haben müssten, um nach Hause zu kommen.

Pappiger Schnee durchnässte die Stiefel und machte das Wandern schwer. Unter dem Schnee tauchten Leichen auf, die der Winter gnädig zugedeckt hatte.

Wir können euch nicht begraben, entschied Ernst Grieg.

Zu Hause legst du dich aufs Kanapee und wartest, bis dein Bein gesund ist, sagte Anna. Ich werde einheizen. An Feuerholz sollte es nicht fehlen.

Sie sprachen viel über die Nachbarn, die sie anzutreffen hofften, die Jeschkes, Krosankes und Sablowskis mit den vielen Kindern. Auch sie werden vom Krieg überrollt worden sein und sich auf den Weg nach Hause gemacht haben.

Je näher sie kamen, desto heiterer wurde ihre Stimmung. Sie warfen in den Graben, was ihnen zur Last geworden war. Warum klobige Schuhe auf dem Rücken tragen? Wofür ist schweres Silberbesteck gut? Zum Überleben genügt ein Küchenmesser und ein Löffel. Anna fand Geld, das jemand auf der Flucht verloren hatte. Sie sammelte die Scheine auf und verwahrte sie in ihrer Manteltasche.

Wir kommen als Millionäre nach Hause, behauptete Ernst Grieg, dabei versuchte er zu lachen.

In zehn Jahren wird deutsches Geld wieder seinen Wert haben, meinte Anna.

Mit Pferd und Wagen aufgebrochen, am Krückstock kehren wir zurück, sagte er.

Die Ortsnamen wurden vertrauter.

Zu welcher Tageszeit wollen wir zu Hause ankommen? fragte Anna.

Morgens, mittags oder abends, antwortete Ernst Grieg. Kleinmittag oder Vesper ginge auch, nur nicht mitten in der Nacht.

Auf dieser Straße waren sie oft gefahren: per Kutsche in die Kirche zum Erntedankfest. Zum Sommerfest in die Kreisstadt. Und immer waren sie heil nach Hause gekommen.

Als sie die ersten Häuser ihres Dorfes sahen, überholte sie ein Militärlastwagen, der mit Menschen beladen war. Der Fahrer bremste scharf, ein Soldat sprang auf die Straße und verlas folgenden Befehl: Deutsche Männer müssen nach Russland, um dort das verwüstete Land aufzubauen.

Er öffnete die Ladeluke und forderte Ernst Grieg auf, das Auto zu besteigen. Da er das wegen seines schmerzenden Beines nicht schaffte, sprangen zwei Soldaten hinzu und schoben ihn wie ein Stück Langholz ins Innere des Wagens.

Mein Gott! rief Anna.

Der Soldat sagte in deutscher Sprache, ihr Mann werde heimkehren. Es sei eben nur wegen der vielen Zerstörungen, die die Hitleristen angerichtet hätten. Wenn die Arbeit getan ist, wird er heimkehren.

Es fand sich keine Gelegenheit zu einem Händedruck, zu einem letzten Wort, weil das Auto davonbrauste, mit allen, die Russland wieder aufbauen sollten.

Anna wusste nicht, ob sie weiterziehen oder sich zum Sterben in den Straßengraben legen sollte. Die Dächer des Dorfes schon vor Augen, sah sie keinen Rauch aus den Schornsteinen steigen, hörte kein Hundegebell oder das Klappern der Wagen auf der Pflasterstraße.

Der Kirchturm ragte in den Himmel. Kein Feuer hatte ihm etwas anhaben können, sogar die bunten Fenster waren heil geblieben.

Die Kirchentür fand sie weit geöffnet. Anna erwartete Orgelmusik. Eine Stimme sollte rufen: Kommet her zu mir, alle, die ihr mühselig und beladen seid!

Aber es blieb still.

In dieser Kirche hatte sie ja gesagt, und Ernst Grieg hatte auch ja gesagt. Sie sah das Taufbecken, unbeschädigt und zur Hälfte mit Wasser gefüllt. Hier wurde ihr Junge getauft vor langer, langer Zeit. Wo war er geblieben? Ach, gefallen in dem Land, das sie verwüstet hatten und das Ernst Grieg wieder aufbauen sollte.

Unter dem alten Lindenbaum, der auf den Frühling wartete, setzte sich Anna auf die Erde und blickte zum Dorf.

Er wird den Soldaten sein krankes Bein zeigen, fiel ihr ein. Er kann die ihm zugedachte Arbeit nicht verrichten. Sie werden ein Einsehen haben. Das Militärauto wird anhalten, er wird absteigen und nach Hause humpeln.

Sie meinte, Glocken zu hören, Osterglocken, Weihnachtsglocken, Totenglocken. Auf einem Hügel sah sie einen Chor, der sang „Die Himmel rühmen…". Was gab es da zu rühmen? Kleine Kinder spielten im Sand des Sommerweges. Es duftete nach trockenem Heu und Pfefferminze, längst blühten die Linden.

In der Grube

Sie befahlen den Gefangenen, sich vor die Grube zu stellen. Jennik wusste, was das zu bedeuten hatte. Hinter ihm postierten sich Soldaten mit ihren Gewehren. Er wartete auf ein Kommando, aber es kam nicht. Die Gewehrschlösser klickten, dann gab es einen lauten Knall. Ein Schlag traf seinen linken Arm. Er stürzte in die Tiefe und fühlte, wie der Sand nass und kalt war.

Etwas Schweres lastete auf seinem Körper.

Wer bist du? konnte er noch fragen, dann verlor er die Besinnung.

Erst in der Dämmerung kam er zu sich und wunderte sich über die Blutlache im Sand. War es sein Blut oder das Blut des Mannes, der über ihm lag?

Lebst du noch? fragte er ihn und erhielt keine Antwort.

Es kostete einige Mühe, sich von dem toten Körper zu befreien. Es war ein alter Mann, den er nicht kannte.

Warum sagte er nichts?

Er saß eine Weile neben ihm, wagte aber nicht aufzustehen, aus Furcht, die Mörder könnten ihn erblicken und wieder schießen. Er fühlte die Stirn des Mannes, sie war kalt.

Die Mörder haben Feierabend, dachte er. In der Nacht werden sie nicht schießen. Sobald der Tag anbricht, kommen neue Gefangene, denen sie einen Spaten in die Hand drücken werden.

Es wurde Zeit, in den Wald zu laufen.

Peterles Bahnfahrt

Am Abend stand ein Mann vor der Haustür, den der Junge nicht kannte. Wie immer, wenn ein Fremder an die Tür klopfte, schlug der Hund an. Als die Mutter öffnete, trat der Fremde nicht ein, der Hund verzog sich in seine Hundeecke.

Wir müssen fahren, sagte der Mann zu seiner Mutter. In zwei Stunden geht unser Zug.

Was können wir mitnehmen? fragte sie.

Nur das Nötigste, wir kommen bald wieder.

Was wird aus unserem Hund? fragte sie.

Der Fremde trat nun doch über die Schwelle und blickte das Tier sonderbar an.

Hunde und Katzen dürfen nicht mitfahren, sagte er. Am besten wird es sein, ihn in die Försterei zu bringen. Da sind die Hunde gut aufgehoben. Wir kommen bald wieder.

Nach diesen Worten ging er eilig weiter zum nächsten Haus.

Warum dürfen Hunde nicht mitfahren? fragte der Junge seine Mutter. Unser Peterle ist so klein, wir könnten ihn in der Manteltasche verstecken.

Wenn jeder seinen Hund in den Zug bringt, gibt es

ein fürchterliches Durcheinander, antwortete die Mutter. Bring ihn in die Försterei und sag, wir werden ihn bald abholen.

Peterle kam in die Tasche, nur der Kopf schaute heraus. Dann machte sich der Junge mit ihm auf den Weg zur Försterei.

Dort hatten sich schon mehrere Hunde versammelt, auch größere Tiere. Sie streunten durch den Garten und schlugen an, wenn Besuch kam.

Wir kommen bald wieder, hatten alle gerufen, als sie sich von den Hunden verabschiedeten.

Am Bahnhof warteten nur Menschen, keine Hunde. Als aus der Dunkelheit der Zug näher kam, pünktlich wie versprochen, drängten die Reisenden in die Wagen. Ohne einen Laut zu geben, setzte sich der Zug in Bewegung, fuhr an der Försterei vorbei, wo die Hunde im Garten tobten.

Es ging Richtung Westen. Der Zug durchquerte Städte, die nicht mehr als Städte zu erkennen waren. Sie passierten eisbedeckte Seen und weiße Wälder. Auf einem Güterbahnhof endete die Reise.

Endstation! rief ein Mann, der die Wagen abwanderte. Ihr kommt in ein Lager in der Nähe, ihr könnt es zu Fuß erreichen.

Ein Menschenstrom bewegte sich auf das Lager zu. Dort begrüßten Uniformierte die Ankommenden und verteilten sie auf die Baracken. In der Baracke 17 bekamen sie den Raum 5, groß genug, um auch Peterle aufzunehmen, wenn er denn käme. Vielleicht schicken sie noch einen Sonderzug mit Hunden. Morgen oder übermorgen.

Der letzte Glockenschlag

In jenem Sommer, als die Flut von Ost nach West schwappte, erreichte sie auch die schöne Stadt Wilna, die von Soldaten der Roten Armee und der polnischen Heimatarmee belagert wurde. In der Stadt befanden sich deutsche Fallschirmjäger. Sie durchstreiften an einem Sonntagmorgen die Trümmer nahe dem Basiliuskloster. In der Kapelle des „Tores zur Morgenröte" läuteten Glocken, als sie schwer bewaffnet das Gotteshaus betraten. Eine Menschenmenge kniete vor dem Gnadenbild der Schwarzen Madonna, unter ihnen auch Kämpfer der polnischen Heimatarmee.

Als der Geistliche die deutschen Soldaten sah, ging er zu ihnen und reichte jedem eine Hostie. Auch sie knieten nieder und empfingen den christlichen Segen. Die Gemeinde sang, der Pfarrer betete. Nach dem letzten Amen verließen die Besucher das Gotteshaus, vor der Schwarzen Madonna schlugen deutsche Fallschirmjäger und polnische Soldaten gemeinsam das Kreuz. Danach verstreuten sie sich in den Ruinen von Wilna, während die Glocken läuteten und läuteten, als könnten sie nicht aufhören.

Als sie endlich verstummten, fielen Schüsse. In den Ruinen sollen sechs Kirchenbesucher gestorben sein, drei Fallschirmjäger und drei Angehörige der polnischen Heimatarmee.

Am Abend, als die Sonne untergehen wollte, läuteten wieder die Glocken.

Auf dem Eis

Der Winter wollte kalt werden. Kaum war der Teich zugefroren, fiel Schnee auf das Eis. Einen Tag mussten die Kinder noch warten, bevor sie die Schlittschuhe anschnallen und über das Eis laufen konnten. Auf dem Schulweg sprachen sie davon, wie sie am Nachmittag auf dem Eis um die Wette laufen wollten. Jenseits des Teiches, sehr weit entfernt, hörten sie Donnergrollen.

Das ist der Krieg, sagten die größeren Kinder. Bald hört die Schule auf.

Nach dem Mittagessen wollten sie aufs Eis gehen, aber ihre Eltern verboten ihnen den Spaß.

Wir müssen reisen, sagte die Mutter und befahl den Kindern, ihre liebsten Kleidungsstücke anzuziehen.

Gegen Abend kamen Soldaten ins Dorf, auch sie sagten, es sei Zeit, auf die Flucht zu gehen.

Vater spannte die Pferde an, Mutter trug Essen und Trinken auf den Wagen und die beiden Kleinen, die im Kinderwagen liegen sollten. Die vier großen Kinder kletterten selbst nach oben und suchten sich ihre Plätze.

Wohin fahren wir? fragte die Älteste.

Nach Deutschland, antwortete die Mutter.

Die Pferde zogen an, sie sahen ihren heißen Atem, die Wagenräder knirschten im Schnee. Kein Schießen und Donnergrollen mehr, ab und zu leuchteten Sterne und fern über dem Schnee loderte rotes Feuer.

Nachdem die Mutter ihnen Essen gegeben hatte, schliefen die Kinder ein. Mutter summte Lieder, Vater rauchte Pfeife, die Pferde schnauften.

Wir kommen wieder nach Hause, sagte der Vater.

Aber erst kamen sie, da dämmerte schon der Morgen, zur Stadt Frauenburg am Frischen Haff. Sie waren dem Krieg sehr nahe, denn es brannten zahlreiche Häuser, die in der Nacht von Bomben getroffen waren.

Ihr müsst da durch, sagte ein Polizist am Eingang der Stadt.

Hoffentlich scheuen die Pferde nicht, meinte der Vater.

Die Mutter versammelte die Kinderschar im Kreis. Sie fassten sich an den Händen und sangen „Näher mein Gott zu dir". Dann erzählte sie ihnen von einem Schutzengel, der mit ihnen auf dem Wagen sitzen und sie heil über das Haff bringen sollte.

Es war zugefroren und mit Schnee bedeckt, das Haff.

Es ist das gleiche Eis wie auf unserem Teich, sagte die Mutter.

In der Ferne sahen sie einen schneebedeckten Landstreifen.

Das ist die Nehrung, erklärte der Vater. Da gibt es

eine feste Straße, die nach Deutschland führt. Die müssen wir erreichen.

Wer laufen kann, muss zu Fuß über das Eis, sagte der Vater, als er den Wagen aufs Eis lenkte.

Er selbst ging zu den Pferden und führte sie. Mutter blieb mit den beiden Kleinsten auf dem Wagen, die größeren Kinder liefen zu Fuß nebenher.

Nur nicht ausrutschen! rief die Mutter ihnen zu.

Bald zeigte sich, dass das Haff keine leere Fläche war. Sie kamen an zusammengebrochenen Wagen vorbei und an toten Pferden. Auch menschliche Leichen lagen auf dem Eis unkenntlich im Schnee.

Die schlafen nur, sagte die Mutter.

Ab und zu liefen sie durch rot gefärbte Wasserpfützen, ihre Schuhe und Strümpfe wurden nass. Und dann gab es auf halber Strecke ein Unglück: Die zehn Monate alte Schwester begann zu weinen und hörte nicht mehr auf.

Mutter dachte, sie hätte Durst und ließ sich von den größeren Kindern Hände voller Schnee reichen, wartete noch, bis der Schnee Wasser wurde. Dann gab sie dem weinenden Kind zu trinken.

Bald hörte das Weinen auf. Die kleine Schwester wurde still und hörte auf zu atmen.

Mein Gott, sie stirbt! rief die Mutter.

Vater hielt den Wagen an, nahm das Kind auf den Arm, sprach mit ihm und schüttelte es.

Der Schnee ist vergiftet, sagte er schließlich.

Er legte das tote Kind in sein Körbchen. Eine Weile standen sie ratlos auf dem Eis, dann fuhren sie weiter zur Nehrung. Die Pferde zogen ohne Mühe die Böschung hinauf. Von oben sahen sie hinter sich das Weiß des Haffs voller schwarzer Flecken, dahinter das Festland mit vielen Feuern.

Auf der Nehrungsstraße fuhren viele Wagen nach Süden. Mutter suchte eine Kirche und einen Pfarrer, konnte aber keinen Ort finden, um das Kind zu beerdigen. In der Nähe des Fleckens Vogelsang hielten sie vor einem Waldstück. Vater holte die Schaufel vom Wagen und grub ein Loch in die Erde. Währenddessen zog die Mutter dem toten Kind warme Kleider an und hängte einen Zettel um den Hals, auf dem der Name stand. Als Vater die Grube zuschaufelte, sang die Mutter mit den Kleinen wieder „Näher mein Gott zu dir“.

Sie nagelten noch zwei Bretter zu einem Kreuz zusammen, das sie in die Erde steckten. Dann wurde es Zeit, nach Deutschland zu fahren. Sie kamen an einem Wegweiser vorbei, der nach Stutthof zeigte. Sie hatten von dem Ort noch nie gehört, also nahmen sie einen anderen Weg. Da das Eis auf dem Weichselfluss nicht hielt und die meisten Brücken zerstört waren, suchten sie eine Fähre, die den Wagen über das Wasser bringen sollte. Bei Käsmark trafen sie einen Fährmann, der ihnen riet, nicht in die Stadt Danzig zu fahren, weil dort

Bomben fielen. Auch Gotenhafen sollten sie meiden. Die Schiffe, die von dort nach Deutschland abgingen, durften nur Frauen, Kinder und alte Leute mitnehmen, aber keine Pferdewagen.

Am besten ist es, an Danzig vorbei ins Pommersche zu fahren, sagte er.

Sie folgten seinem Rat und erlebten eine gemütliche Fahrt. Ab und zu hielten sie in Wäldern, entzündeten kleine Feuer, um die Füße zu wärmen und Suppe zu kochen. Für die Pferde stahlen sie aus verlassenen Scheunen Heu und Stroh.

In Greifenberg in Pommern gab es wieder einen Unglücksfall. Den zwei Jahre alten Sohn Heinz mussten sie mit einer Lungenentzündung in ein Krankenhaus bringen.

Wenn er gesund ist, kommt er zu seinen Eltern, versprach die Krankenschwester. Sie sahen ihn nie wieder.

Wir werden immer weniger, sagte der Vater und wischte seine Augen.

Kurz vor Stettin holte sie der Krieg doch noch ein. Phosphorbomben fielen auf die große Stadt, am Himmel leuchteten Tannenbäume. Ein Verkehrspolizist riet ihnen, an Stettin vorbei ins Mecklenburgische zu fahren. Dort sei noch Frieden. Am 5. März gegen 22 Uhr endete ihre Flucht im Ostseebad Rerik.

Dezember 45

Am Nachmittag des 11. Dezember erhielt das Dorf wieder Anschluss an die Weltgeschichte. Das geschah so: Zwei Pferdefuhrwerke, schlichte Klapperwagen, durch deren Leitersprossen der Wind pustete, bogen von der Chaussee auf die Dorfstraße. Die Zügel führten Männer in Zivil, neben jedem saß ein Soldat in einer merkwürdigen Uniform.

Gerhard blickte gerade aus dem Krugfenster.

Plötzlich löste sich einer der fremden Soldaten von der Gruppe und eilte in den Krug. Gerhard hörte seine Schritte im Flur, dann auf der Treppe. Der Fremde steuerte, als wüsste er genau Bescheid, auf die Tür zu, hinter der die Wittkunsche ihre Läuse knackte.

Alle Deutschen müssen raus! rief er. Nach Deutschland! In zwei Stunden! Und nicht mehr Gepäck, als jeder tragen kann.

Gerhard wunderte sich, dass die Deutschen nach Deutschland sollten. Waren sie denn nicht in Deutschland?

Die Wittkunsche erschrak dermaßen, dass sie viel zu spät zu jammern begann. Sie rannte konfus die

Treppen rauf und runter, machte nicht die geringsten Anstalten, ihre Habseligkeiten zu packen, blieb eine Weile im Keller, als wollte sie sich dort verstecken. Dann lief sie wieder heulend durch den Stall und die Waschküche. Nein, sie wollte den Krug nicht preisgeben! Sie klammerte sich an diesen gelb getünchten Ziegelbau, an das größte und schönste Haus im Dorf, das Gutsschloss nicht mitgerechnet.

Und nur zwei Stunden Zeit! schrie sie plötzlich, als wäre das das größte Unrecht.

Gerhard erschienen die zwei Stunden reichlich bemessen. Wer nichts hat, braucht nur die Jacke überzuziehen und ist fertig.

Die zweite Fuhre kam aus dem Dorf angeklappert. Gerhard erschrak. Da ging Peters Mutter neben den Pferden, und oben auf dem Gepäck thronte Peter. Schlagartig wurde ihm klar, dass Peter nach Deutschland fahren wollte und er sich jetzt in diesem Augenblick entscheiden musste zwischen Peter und dem Dorf, zwischen Deutschland und dem Asowschen Meer.

Peter winkte. Als Gerhard keine Anstalten machte, seinen Fensterplatz zu verlassen, kam er in den Krug.

Wo bleibst du! schrie er schon auf der Treppe.

Ich fahre nicht mit.

Peter sah ihn verständnislos an. Bist du verrückt geworden? Wenn wir abhauen, ist doch kein Deutscher mehr hier.

Ich muss auf Mama warten, erwiderte Gerhard und blickte flüchtig zur Chaussee, als könnte dort im nächsten Augenblick ein Fußgänger auftauchen. Aber so leicht war Peter nicht zu vertreiben. Der hatte eine Art, diese Reise nach Deutschland als freudiges Ereignis zu schildern, als sei es eine abenteuerliche Weltreise zu fremden Städten, wie sie einem kleinen Jungen nur einmal im Leben geboten wird. Und am Schluss verstieg er sich zu dem optimistischen Spruch: Deine Mutter ist bestimmt schon in Deutschland. Wo sollen die vielen Menschen, die hier fehlen, denn sonst sein?

Auf den beiden Fuhrwerken saßen die wenigen Dorfbewohner, die der Krieg übriggelassen hatte, saßen da, umgeben von Säcken und Bündeln, zwischen ihren zusammengesuchten Habseligkeiten und fröstelten im Nordostwind. Die Schubgillasche wie eine Glucke, umgeben von ihren vielen Küken, die Majorsche schweigend, in sich gekehrt. Sogar die alte Woweriesche, die beim Einmarsch der Roten Armee übersehen worden war, hatten die Polen in ihrem Versteck am Waldrand gefunden und mitgebracht. Sie saß, von Decken und goldgelben Sofakissen umgeben, auf dem zweiten Wagen.

Das sah alles aus wie eine zweite Flucht. Die Leiterwagen, der kalte Wintertag, aber keine Schießerei. Und sie waren auch nur eine Handvoll, verglichen mit dem großen Treck, der damals aufgebrochen war. Also fahren wir. Weiß der Himmel, ob wir jemals zurückkehren werden. Mein Gott, sah das Nest verlassen aus, jetzt da alle Menschen fortfuhren und überall die Herdfeuer ausgingen.

Gerhard und Peter saßen hinten auf dem letzten Wagen und ließen die Beine baumeln. Sie konnten nicht von den Häusern des Dorfes loskommen, die in der beginnenden Dämmerung untertauchten. Nur die Bäume des Parks und die Schlosstürme verfolgten sie bis zur Marienthaler Kurve.

Sie bemühten sich, den Gedanken zu verscheuchen, dass es ein Abschied für immer sein könnte. Nein, da müsste mehr geschehen. Man fährt nicht so einfach auf einem klapprigen Leiterwagen davon. Ein bisschen weinen wäre das Mindeste.

In Marienthal begann es zu schneien. Anfangs feine Krümel, die ihnen der scharfe Wind ins Gesicht wehte. Als sie die Drengfurter Vorstadt erreicht hatten, war die Erde schon weiß. Zur Linken das ausgebrannte Heeresverpflegungslager.

Ob da noch Käsedosen liegen? fragte Peter. Er wäre gern hingelaufen, um ein bisschen zu wühlen.

In Drengfurt gab es tatsächlich Menschen. Kinder standen auf den Bürgersteigen und sahen den klappernden Leiterwagen nach. Direkt vor dem Rathaus hielten die Fuhrwerke. Alle absteigen, hieß es, und die

Säcke und Bündel ins Rathaus tragen. Keine Gulaschkanone, keine warme Suppe, nicht einmal geheizt hatten sie. Sie mussten an den Wänden der großen Eingangshalle lagern.

Morgen geht es weiter, sagte der Milizsoldat und schloss die Tür. Als sie im Rathaus saßen, entdeckten sie, dass nur Frauen und Kinder zu der Gruppe gehörten. Mochte der Himmel wissen, was aus den Männern geworden war.

Die sind noch im Krieg, sagte Peter.

Weiterfahren am nächsten Morgen? Das war leichter gesagt als getan. Die ganze Nacht über stiemte es, und am Morgen hatten die aufgewehten Schneeschanzen die Trümmer um den Markt gnädig zugedeckt. Der erste Schneesturm dieses Winters. Sie hockten im kalten Rathaus und dachten darüber nach, wie es weitergehen sollte. Vielleicht mussten sie umkehren, zurück nach Hause. Feuer im Herd anmachen und eine warme Suppe kochen. Aber die Milizsoldaten hatten ihren Befehl, der auch bei Stiemwetter ausgeführt werden musste. Klar, da wartete ein Zug in Rastenburg, der Zug nach Berlin.

Die Fuhrwerke hatten über Nacht in einer Scheune gestanden und fuhren so herrlich trocken vor, dass es eine Freude war hinaufzuklettern. Die Milizsoldaten sorgten dafür, dass die Jungs den Frauen nicht die besten Plätze wegschnappten. Wie schnell sie alle wieder auf den geflickten Kartoffelsäcken, den Taschen und Bündeln saßen. Aber schon in der Vorstadt blieben die Pferde erschöpft stehen. Wer kann schon einen Haufen Frauen mit ihrem Gepäck durch solche Schneewehen ziehen? Runter von den Wagen! Sogar die Milizsoldaten stiegen ab.

Also zu Fuß nach Rastenburg. Die Wagen wechselten sich beim Spurenfahren ab, um die Kräfte der Pferde zu schonen.

Gegen Mittag hörte das Schneetreiben auf. Durch die schwarzen Äste der Chausseebäume schien eine verschleierte Sonne. Jetzt erst wurde deutlich, wie weit sich die Gruppe auseinandergezogen hatte. Vorn Gerhard und Peter im unberührten Schnee, zwei Steinwürfe zurück die beiden Wagen. Im Windschutz hinter den Fuhrwerken ging die Schubgillasche mit ihren Küken, weiter zurück sahen sie die älteren Frauen.

Sie erreichten Rastenburg, als die Sonne sich anschickte, hinter einer Schneewehe unterzugehen. Sie standen auf einer Anhöhe, unter ihnen die Stadt. Gerhard staunte. Da gab es tatsächlich elektrische Beleuchtung! Eine Straßenlaterne mit Schneemütze goss zauberhaftes Licht auf den unberührten Schnee. Und aus dem Schornstein der Zuckerfabrik paffte weißer Rauch in den Schneehimmel.

Mensch, das ist eine richtige Stadt mit Wärme und Leben, mit Pferdefuhrwerken, rauchenden Schornsteinen und Licht. Sie kamen aus der menschenleeren Wüste, aus der Einsamkeit der verfallenen Hütten in eine Stadt mit elektrischem Licht!

Sie schleppten ihre Bündel von den Leiterwagen zu einer überfüllten Baracke. Gerhard stand neben dem Milizsoldaten und sah zu. Wenn man kein Gepäck hat, spart man sich viel Arbeit.

Von einem langen Flur gingen rechts und links Türen ab. Hinter der dritten Tür gab es noch ein bisschen Platz, wenn alle zusammenrückten. Nur nicht so nah an den Kanonenofen. Es wird noch heiß genug, wenn der Ofen richtig Zunder kriegt. Die nassen Kleider begannen zu dampfen, und die Läuse regten sich wieder.

Wo kamen nur die vielen Menschen her? Hatten die Polen alle Deutschen zusammengeholt, die es im Kreis Rastenburg gab? Deutsche auf der Reise nach Deutschland. Und nur Frauen und Kinder?

Gibt es denn nuscht zu essen? fragte Peter laut.

Nein, daran hatte niemand gedacht. Es war warm in der alten Wehrmachtsbaracke, das musste genug sein. Die Woweriesche, die ihren Plunder wie eine Marktfrau ausgebreitet hatte, begann sich zu rühren, schlitzte mit dem Daumennagel ein mitgebrachtes Kissen auf, und was kam zum Vorschein? Eine Mettwurst! Mein Gott, eine Mettwurst in dieser Zeit, in dieser elenden Baracke. Plötzlich fand sich auch ein

Messer, und die Woweriesche schnitt mit ihren schmutzigen Händen daumendicke Scheiben ab, die sie wortlos verteilte.

Peters Mutter ließ saubere Schneeklumpen in einem Kochgeschirr zu Wasser schmelzen, gab getrocknete Pfefferminzblätter dazu und brachte so etwas wie Pfefferminztee zustande.

Schlaft, Kinder, sagte sie zu den beiden Jungs.

Aber wer kann schon schlafen bei diesem dauernden Gehen und Kommen. Türen klappten und jemand rüttelte an einem Ofenrost. Draußen rangierte die Kleinbahn vor der Zuckerfabrik, ließ Bremsen quietschen, Puffer aufeinander krachen, stieß keuchend Rauch in die Nacht. Das glühende Rohr des Kanonenofens hinderte Gerhard am Einschlafen. Die Wittkunsche schnarchte. Auch das noch!

Morgen nach Deutschland! hatte der Posten gesagt. Klar, dass jeder vor einer solchen Reise aufgeregt ist. Von einem kleinen Dorf nach Berlin. Weihnachten schon in Deutschland.

Es kam darauf an, im richtigen Augenblick aufzuwachen, nicht der Letzte zu sein, wenn die Reise nach Deutschland begann. Dafür sorgte Peter. Er rüttelte Gerhard wach, bevor der Posten seine Runde gemacht und gegen die Türen geschlagen hatte. Wie schnell ist man doch morgens fertig, wenn es kein Frühstück gibt, man sich nicht zu waschen braucht und auch das

Zähneputzen ausfällt! Schuhe anziehen, Jacke über die Schulter und sie standen draußen vor der Tür. Ein frostiger, dunkler Morgen mit vielen Sternen und Schnee, der im spärlichen Straßenlicht schimmerte.

Gerhard und Peter besaßen einen ziemlichen Vorsprung beim Wettlauf über die verschneiten Gleise des Rangierbahnhofs Rastenburg, vorbei an Wagen mit erfrorenen Zuckerrüben, an verrosteten Loren, über die sich der Schnee getürmt hatte. Es war ein Wettlauf um die angenehmen Fensterplätze im D-Zug nach Berlin.

Als sie den Bahnsteig erreichten, kam ihnen eine kleine Lokomotive gemütlich fauchend entgegen, pustete mit ihrem heißen Dampf den Schnee zur Seite und verursachte so etwas wie ein kleines Tauwetter auf dem Bahnsteig.

Hinter der Lok hingen vier Güterwagen mit weit geöffneten Schiebetüren, durch die der Wind den Schnee ins Innere gefegt hatte. Immerhin, es waren Güterwagen mit Dach.

Peter stellte sich am schnellsten auf die neue Situation ein. Wortlos verzichtete er auf die gepolsterten Fensterplätze im D-Zug nach Berlin, setzte mit einem Sprung in den ersten Wagen, blickte sich kurz um und sprang auf der anderen Seite wieder in den Schnee. So lief er von Güterwagen zu Güterwagen, bis er herausgefunden hatte, dass im vorletzten Wagen kaum

Schnee, dafür aber eine spärliche Strohschicht den Boden bedeckte.

Den nehmen wir, entschied Peter.

Sie schoben die Tür hinter sich zu, beschlagnahmten den vorletzten Güterwagen für ihre Dorfbewohner. Durch einen schmalen Spalt schauten sie dem Getobe zu, das draußen losbrach. Da kamen sie angewälzt, die bepackten Menschen. Nicht zu glauben, wie die schrien und fluchten. Wie sie über die Schienen stolperten, hinfielen. Wer etwas verloren hatte, rannte zurück, um es zu holen. Als die kleine Lok einmal tief Luft holte, geriet der Haufen in Panik. Wie die kreischten. Mensch, hatten die es eilig, nach Deutschland zu kommen.

Als Peter seine Mutter im Gewühl entdeckte, öffnete er die Tür und holte sie in den Wagen. Auch die anderen Dorfbewohner. Bis auf die Wowerieschc. Wo steckte die alte Frau Woweries?

Die muss auch mit, sagte Peter und dachte an die in Kissen eingenähten Mettwürste. Sie sprangen hinunter und liefen nach vorn zu der geduldig dampfenden Lok. Da kam sie, die Wowerieschc, wie ein dicker, runder Pfannekuchen angerollt.

Nehmt mich alte Frau auch mit, jammerte sie,

So, da wären wir. Die Dorfbewohner im vorletzten Güterwagen. Es kann losgehen. Aber an Abfahrt war nicht zu denken. Immer mehr Menschen strömten auf die Güterwagen zu. Nicht nur aus der Baracke, auch aus der Stadt. Einige wurden mit Fuhrwerken zum Güterbahnhof gebracht, kletterten gleich vom Pferdewagen in die Güterwagen. Die fluchten ganz schön, weil die besten Plätze schon weg waren. Und überhaupt, was ist das für eine Zumutung, Menschen in Güterwagen zu transportieren, mitten im Winter? Jetzt griffen auch die Milizsoldaten ein, leuchteten mit Taschenlampen das Innere der Wagen ab, fanden hier noch ein Plätzchen und dort eine Ecke, in der man zusammenrücken konnte. Erstaunlich, was ein Güterwagen fassen kann. Natürlich hatte die Fülle auch ihre guten Seiten. Die vielen Menschen verbreiteten Wärme zwischen den zugigen Brettern, und es dauerte gar nicht lange, da schrien die Frauen von hinten: Tür zu, es zieht!

Na, vielleicht war das nur der Zubringer zur nächsten größeren Stadt. So kann man doch keine weite Reise antreten. In Königsberg oder Allenstein werden wir in einen vernünftigen Zug umsteigen und gemütlich nach Deutschland fahren.

Es wollte nicht Tag werden.

Wie spät es wohl ist? fragte jemand aus dem dunklen hinteren Teil.

Eine törichte Frage, denn es gab in Ostpreußen keine Uhren mehr. Die lagen in Trümmern oder tickten an russischen Armen. Aber an der Zuckerfabrik konnte man sich orientieren. Wann fängt so eine Zuckerfabrik mit der Arbeit an? Um halb fünf Uhr oder halb sechs?

Gerhard und Peter lagen auf dem Bauch und blickten durch die Ritzen in der Bretterwand zur Zuckerfabrik, sahen Funken aus dem Schornstein stieben und Dampf aus den Seitenfenstern quellen.

Wenn man sich wenigstens Zuckerschnitzel holen könnte, meinte Peter. Er schwelgte in Erinnerungen an die Zuckerschnitzel, die vom Gutspeicher zu klauen eines der größten Vergnügen der Dorfkinder gewesen war.

Plötzlich ruckte die Lokomotive an, schob die vier Güterwagen langsam in Richtung Zuckerfabrik, schob sie an den beiden Milizsoldaten vorbei, die mit umgehängter Maschinenpistole im Schnee standen, Zigaretten rauchten und sich die Füße vertraten.

Die fahren nicht nach Deutschland, die fahren nach Osten! rief eine Frau.

Na, die werden schon mit uns fahren!

Nach Russland fahren die uns, ins Massengrab fahren die uns.

Vielleicht rangieren sie bloß.

Mein Gott, ich war doch schon in Sibirien.

Die haben uns belogen.

Hört auf zu heulen!

Lieber Herr Jesus Christus, die fahren mit uns nach Russland!

Der letzte Wagen krachte auf eine abgestellte Fuhre Langholz. Da fiel alles durcheinander.

Die Lok koppelte ab, fuhr auf dem Nebengleis vorbei, hängte sich ans Ende des Zuges. Dann ging es bedächtig vorwärts. An dem schwarzen Schornstein der Zuckerfabrik vorbei, an den beiden Milizsoldaten, die mit glimmenden Zigaretten den Bahnsteig entlangschlenderten, vorbei nach Deutschland.

Eisenbahnfahren macht Spaß, meinte Gerhard.

Schade nur, dass man nuscht essen kann, ärgerte sich Peter.

Als es hell wurde, drängten sie zur Tür, wollten Ostpreußen vom bummelnden Güterzug aus sehen. Mein Gott, das hatte die Welt noch nicht erlebt! Da fuhren sie an den ungeernteten, verfaulten ostpreußischen Roggenschlägen vorbei, auf die sich die Last eines Schneesturms gelegt hatte. Hocken, um die der Wind Schanzen aufgetürmt hatte. Da lag der verrottete Reichtum Ostpreußens unter dem Schnee.

Wie lange fährt man von Ostpreußen nach Deutschland?

Ob alle ankommen? Vor dem Krieg hat der D-Zug von Königsberg über Schneidemühl nach Berlin keine sechs Stunden gebraucht. Aber in diesen Zeiten muss man ein paar Tage zugeben. Außerdem waren die Räder so lange für den Sieg gerollt, dass sie jetzt nur noch mühsam über die klapprigen Schienen, die provisorisch gestützten Brücken kriechen konnten.

Jemand, der sich in Geographie gut auskannte, behauptete, sie kämen nun bald nach Frankfurt. Dort beginne das, was von Deutschland übriggeblieben sei. Ob sie es noch vor Einbruch der Dunkelheit schafften? Sie hockten im Güterwagen und warteten auf die Oderbrücke, niemand mochte einschlafen.

Endlich Frankfurt an der Oder. Lieber Himmel, dieser Betrieb auf dem Bahnhof. Schon am frühen Morgen. Da liefen Züge aus und ein, Männer in zerfransten Militärmänteln mit Taschen unter dem Arm gingen zur Arbeit. Ein richtiger Bahnbeamter mit roter Kelle rannte geschäftig herum, suchte Ordnung in das Chaos der vielen Menschen zu bringen.

Kaum dass der Zug stand, öffneten sich die Türen der Güterwagen. Die Menschen strömten hinaus, strömten nach Deutschland. Alles wälzte sich auf das Schild „Zu den Bahnsteigen 3 und 4“ zu, weil unter diesem Schild Rote-Kreuz-Schwestern mit auffallend weißen Hauben eine warme, braune Flüssigkeit ausschenkten. Da sah man erst, wie viele Menschen in den Wagen gelegen hatten. Die Aussicht auf Gratiskaffee trieb sie jetzt auf den Bahnsteig.

Sie bummelten gelangweilt über den Bahnsteig. Interessierten sich für die Wageninschriften, für die Tragfähigkeit und Achslast, fanden auch, schwach übertüncht, jenen Spruch von den Rädern, die für den Sieg rollen müssen. Ja, es war alles noch greifbar nahe, auch das Siegen.

Sie standen vor einer deutschen Zeitung und probierten, ob sie noch Deutsch lesen konnten. Dann setzten sie sich auf eine Bank und sahen den Menschen zu, die den Bahnhof bevölkerten.

Es machte ihnen nichts aus, dass sie in die dreckigen Güterwagen zurück mussten, obwohl alle gehofft hatten, in Deutschland in Personenzüge umzusteigen.

In ein paar Stunden seid ihr in Berlin, sagte die Rote-Kreuz-Schwester, die den alten Leuten beim Einsteigen half.

Hast du gehört? flüsterte Gerhard seinem Freund zu. Ein paar Stunden bis Berlin!

Als würde dieser schäbige Güterzug direkt unter dem Brandenburger Tor hindurchfahren, die Quadriga über ihnen, genau dort, wo das Loch in der Decke ist. In ein paar Stunden.

Plötzlich tauchte ein einigermaßen intakter Bahnhof auf, manierlich beleuchtet. Am gegenüberliegenden Bahnsteig hielt die Stadtbahn. Vollbesetzt mit vernünftig angezogenen Menschen, die die Güterwagen anstarrten, als käme da ein Transport wilder Tiere aus dem fernen Asien.

Bitte hundert Meter geradeaus … ein kleines Stück rechts … da ist ein Bunker mit dem Schild „Notaufnahme“.

Bleiben wir da lange? erkundigte sich einer aus dem Güterzug.

Nur diese Nacht, sagte der Bahnbeamte. Morgen geht es weiter in den Westen oder nach Thüringen.

Aber erst einmal in den Bunker reinkommen. Da stand eine Menschenschlange. Zwei Mädchen am Eingang notierten die Namen.

Gerhard drängte sich in die Schlange, stand vor einer Frau, die er nicht kannte.

Wohin gehörst du denn? fragte die.

Ich bin allein, sagte Gerhard. Meine Eltern sind nicht hier. Die haben sie zum Arbeiten nach Russland geholt.

Na, von denen kommt auch keiner zurück, sagte die fremde Frau. Die Verschleppten sind doch alle umgekommen.

Meine Eltern sind nicht umgekommen! schrie Gerhard so laut, dass sich alle umdrehten. Die arbeiten in Russland, und wenn sie damit fertig sind, kommen sie nach Deutschland zurück!

Da mischte sich Peters Mutter ein, sagte etwas zu der fremden Frau, das Gerhard nicht verstand.

Ist schon gut. Wenn die Arbeit in Russland fertig ist, kommen sie zurück.

Vorn im Büro saßen zwei eifrige Mädchen. Sie schrieben alles auf, Name und Herkunftsort. Dann waren sie durch.

Um elf knipste eines der Mädchen das Licht aus. Schlafenszeit. Also hingehauen auf die schönen, weichen Strohsäcke, die den Fußboden bedeckten. Dunkel. Nur der rote Schein des Schildes „Notaufnahme" fiel vom Eingang auf die Schlafenden und die Wachenden. Man kann schlecht einschlafen in so einem Bunker. Gerhard lag wach, starrte zum roten Licht am Eingang und dachte an das Gespräch mit der fremden Frau. Es wollte ihn nicht loslassen. Vorn hörte er die Mädchen im Büro kichern, Telefone läuteten. Er tastete sich über die Schlafenden hinweg. Ging ganz vorsichtig, so dass nicht einmal Peter es bemerkte. Er wartete vor dem Büro, musste sich Mut einreden, bevor er eintrat, ohne anzuklopfen.

Na, Kleiner, sagte eine Frau. Um diese Zeit musst du doch schlafen.

Ich suche meine Eltern, erklärte Gerhard.

Wie heißt du denn?

Er nannte seinen Namen. Sie nahm einen Stapel brauner Papierlisten, beugte sich darüber und befahl ihrem linken Zeigefinger, die Namenszeilen auf- und abzugleiten.

Wie heißen deine Eltern?

Karl Steputat und Martha Steputat.

Die sind nicht auf meiner Liste, sagte sie.

Die sind auch nicht mitgekommen, antwortete Gerhard. Im März haben die Russen sie geholt … Sie sind nicht nach Hause zurückgekommen … Da habe ich gedacht, vielleicht sind sie von Russland gleich nach Berlin gefahren und warten hier auf mich … Wenn sie durchgekommen sind, müssen Sie sie doch aufgeschrieben haben.

Die Frau befahl dem linken Zeigefinger anzuhalten. Sie blickte auf. Ratlos. Erhob sich. Der Zeigefinger, der eben noch die Namensreihen abgesucht hatte, berührte Gerhards Haar. Wir suchen weiter, mein Junge.

Einen Tag Aufenthalt in Berlin. Vor der Weiterfahrt erst einmal Entlausung. Ziemlich komisch ging das zu. Männer und Frauen getrennt in einem großen Raum. Alles ausziehen. Nackt herumsitzen, bis die Kleider aus dem großen, dampfenden Kessel kommen. Der Gestank des Läusemittels haftete penetrant an den Kleidungsstücken. Vor dem Anziehen Duschen. Den Kopf, Achselhöhlen und Schamhaare mit einer Flüssigkeit einreiben, um die dort niedergelassene Läusebrut zu vernichten.

Klar, dass es nach der Entlausung nicht in den Güterwagen zurückging. Dort würden die Läuse wieder über sie herfallen. Als Ersatz warteten dunkelgrüne Personenwagen dritter Klasse auf die Entlausten. Gerhard entzifferte auf den Wagen so unendlich ferne Namen wie Kassel, Altona, Würzburg. War das das Ziel ihrer Reise, oder kamen die Wagen von dort her?

Versteht sich, dass sie einen Fensterplatz eroberten. Da saßen sie nun ein wenig steif, neben ihren Beinen drang Warmluft aus den Heizungsdüsen. Sie verließen Berlin in einem geheizten Personenzug und fuhren an einer Bäckerei vorbei, die einen geschmückten Weihnachtsbaum vor die Tür gestellt hatte.

Ist bald Weihnachten? fragte Peter seine Mutter.

Die wusste es nicht genau und blickte sich fragend im Abteil um.

Ist heute Heiligabend oder erst morgen?

Sie redeten alle durcheinander, aber genau wusste es keiner. Erst als die Majorsche auf ihrem Weg zum Abort bei ihnen vorbeikam, erfuhren sie es.

Morgen ist Heiligabend, sagte sie.

Der Zug rangierte lange zwischen den Seen und Kiefern der Mark umher, hielt auf einem Abstellgleis des Güterbahnhofs Rathenow, bis er sich endlich am Mittag des Heiligen Abends entschloss, in die Stadt Brandenburg an der Havel einzulaufen.

Ein langer Fußmarsch vom Brandenburger Bahnhof durch die Stadt.

Da draußen ist ein gemütliches Lager, sagte der Einarmige von der Stadtverwaltung, der sie in Empfang genommen hatte und vorausging.

Der Haufen zog sich mächtig auseinander. Gerhard und Peter begleiteten den Einarmigen an der

Spitze des Zuges, während die alten Frauen zurückblieben. Sie kamen an den Brennaborwerken vorbei, die von russischen Militärposten bewacht wurden.

Brennabor baut nach wie vor einen Auspuff wie 'n Kanonenrohr, reimte der Einarmige und lachte.

Danach das Lager.

Früher waren hier Gefangene, erklärte der Einarmige. Aber die Rote Armee hat sie befreit.

Viel Licht am Eingang. Ein roter Stern. Nein, nicht wegen Weihnachten. An Weihnachten erinnerte nur der Tannenbaum vor dem Pförtnerhaus.

Die haben immer noch Stacheldraht, stellte Peter fest und zeigte auf den hohen Zaun, der die Barackenwelt umgab.

Auf dem Vorplatz vor dem Pförtnerhaus sammelten sich die Menschen. Der Einarmige suchte einen erhöhten Standort, fand ihn auf einem Marmeladeneimer. Er begann seine Begrüßungsansprache, wünschte den Angekommenen viel Glück im neuen Deutschland. Er verhehlte nicht, dass die Not noch groß sei, man aber gemeinsam eine bessere Welt aufbauen wolle.

Schön ist es, nach Deutschland zu kommen. In Deutschland ist es warm. Da gibt es keinen Schneesturm. Weihnachtszeit. Deutsche Weihnacht. Warten wir ab.

Die Flucht der Pferde

Susannes Geburtstag begann mit dem Besuch des Großvaters, der am frühen Morgen vor der Tür stand und ein schweres Paket in den Flur schob.

Weil du so gern reitest, sagte er.

Zum Vorschein kam ein Pferdesattel aus schwarzem Leder.

Als ich so alt war wie du, bin ich viel geritten, sagte der Großvater und lachte.

Susanne wunderte sich. Um Pferde hatte er sich nie gekümmert, er war auch nie zur Reitschule gekommen, wenn seine Enkelin Dressurreiten übte. Reitsport schaute er sich nur im Fernsehen an, aber nun schenkte er ihr einen Sattel zum Geburtstag.

Nach dem Kaffeetrinken kam er mit der Sprache heraus: Ich wollte schon immer eine Reise in den Osten antreten und dich fragen, ob du mitkommen willst. Hat auch etwas mit Pferden zu tun.

Das Reiseangebot überraschte Susanne noch mehr als der neue Sattel. Wollte er per Kutsche in seine alte Heimat fahren?

Heutzutage geht ja alles schnell, meinte er. Wir könnten Sonntagmorgen losfliegen, mittags in Danzig landen, die Weichselmündung besuchen und am gleichen Abend zurückkehren.

Was hat die Weichselmündung mit Pferden zu tun? fragte sich Susanne. Da die Sommerferien vor der Tür standen und sie viel Zeit hatte, sagte sie zu, mit dem Großvater zu seinen Pferden zu fahren.

Es ging tatsächlich sehr schnell, keine drei Stunden Flugzeit.

Mit der Pferdekutsche hätte es vier Wochen gedauert, sagte der Großvater nach der Landung.

Er wusste genau, wohin er wollte. Am Taxistand zog er einen Zettel hervor. Der zeigte den Weichselstrom, mehrere Nebenflüsse und einen Ortsnamen, alles in polnischer Sprache.

Der Taxifahrer wunderte sich, wieso jemand die Weichselniederung besuchen wollte, diese einsame Gegend mit Sumpfland und Weidenbäumen.

Warst du da zu Hause? fragte Susanne.

Er schüttelte den Kopf und erklärte, sein Zuhause sei weiter östlich an der deutsch-russischen Grenze gewesen.

Je näher sie dem Ziel kamen, desto schweigsamer wurde der Großvater. Endlich hielt das Taxi. Weit und breit kein Haus, vor ihnen der Strom mit den Weidenbäumen am Ufer, von der Mündung her wehte ein frischer Wind landeinwärts.

Großvater stieg aus, fuhr sich durch die Haare und

schnaubte die Nase. Er schaute ins Wasser, als hätte er dort etwas verloren.

Sieht ganz ordentlich aus, sagte er plötzlich. Kaum zu glauben, dass sie hier einmal Krieg gespielt haben.

Susanne rannte die Böschung hinab zu dem träge fließenden Strom, während der Großvater mit dem Taxifahrer verhandelte. Er schickte ihn ins nächste Dorf, drückte ihm mehrere Scheine in die Hand für ein Mittagessen. Gegen vier Uhr sollte er zurückkommen, um sie nach Danzig zu fahren. Der Rückflug war für zwanzig Uhr gebucht.

Das Taxi brauste davon und ließ die beiden allein zurück, Susanne unten am Wasser, den Großvater auf dem Deich. Er ging auf und ab, bückte sich, trieb den Handstock ins Gras, klopfte gegen die Weidenbäume, verschwand hinter blühenden Büschen, tauchte wieder auf, setzte sich auf einen Stein und blickte in die Ferne.

Suchst du was? fragte Susanne.

Meine Pferde, antwortete er.

Hier hattest du Pferde? wunderte sie sich.

Hier habe ich sie zuletzt gesehen, erwiderte er und setzte sich ins Gras. Wir hatten einen Bauernhof mit sechs Pferden, drei braunen, drei schwarzen. Als der Krieg kam, gingen wir mit Pferd und Wagen auf die Flucht. Einen Leiterwagen, mit dem wir im Sommer das Korn einfuhren, hatten wir mit einer Plane überspannt und Dinge aufgeladen, die wir brauchten. Anfangs ging alles gut. Wir fuhren Tag und Nacht, hinter uns rumorte die Front. Bis wir an die Weichsel kamen. Da stockten alle Wagen.

Davon hast du nie erzählt, sagte Susanne.

Es war mir unangenehm, antwortete der Großvater. Ich schämte mich, unsere Pferde im Stich gelassen zu haben.

Er ging zu einem morschen Weidenbaum und klopfte ans Holz.

Hier stand der Wagen, sagte er. Die eisernen Reifen müssten noch in der Erde liegen.

Er wühlte mit dem Stock im Erdreich.

Du musst wissen, es war Winter. Na gut, dachten wir, dann hält das Eis, und wir kommen mit Pferd und Wagen heil über die Weichsel. Es hielt aber nicht, das Eis. Alle Brücken waren gesprengt, und hinter uns rumorte die Front. Pioniere legten Holzstege über den Fluss. Die hielten aber nur für Fußgänger mit etwas Gepäck, nicht für Wagen und Pferde. Es hilft nichts, sagten sie. Ihr müsst die Pferde und die Wagen am Ostufer lassen und zu Fuß über den Strom gehen.

Großvater breitete die Arme aus.

Wohl hundert Wagen standen am Fluss, die Pferde an der langen Leine, damit sie genug Schnee fanden, wenn sie Durst bekamen. Auch das Heu, das wir mitgenommen hatten, warfen wir ihnen vor. Dann gingen wir mit Taschen und Rucksäcken hinunter zum Fluss, keiner blickte sich um, es wieherten auch keine Pferde.

Was ist aus ihnen geworden? fragte Susanne.

Großvater wusste es nicht.

Sie werden sich losgerissen haben und davongelaufen sein, sagte er. Einige werden ertrunken sein. Pferde sind gute Schwimmer, aber zwischen treibenden Eisschollen war der Fluss nicht zu überqueren.

Er suchte und suchte, doch er fand weder die Knochen toter Pferde noch die Überreste zerstörter Wagen. Er fand überhaupt nichts außer Weidenbäumen und wucherndem Schilf.

Vielleicht war es an einer anderen Stelle, meinte er, als das Taxi kam.

Der Fahrer brachte ein paar Stücke Kuchen mit, die er im Dorf für seine Fahrgäste gekauft hatte.

Ihr müsst doch essen, sagte er und lachte.

Sie fuhren zurück nach Danzig. Niemand sprach ein Wort.

Das Flugzeug erreichten sie bei Tageslicht. Vor Mitternacht waren sie zu Hause. Heutzutage geht ja alles schneller.

Im Maronenwald

Vierzig Jahre später, sie waren schon alte Leute, bekamen Ilse und Gerhard Gronenberg Post vom Roten Kreuz. Gleich nach dem Krieg hatten sie sich dort gemeldet, weil sie ihren Klaus suchten, der seit den Kämpfen in der Weichselniederung vermisst war. Eine Antwort bekamen sie damals nicht. So blieb es dabei, dass sie an jedem Geburtstag eine Kerze auf die Fensterbank stellten und über ihren verlorenen Sohn sprachen.

Als niemand mehr mit einer Nachricht rechnete, bekamen sie einen Brief:

„Pilzsammler haben in einem Waldstück südwestlich von Danzig die Wehrmachtserkennungsmarke eines Klaus Gronenberg gefunden. Es könnte Ihr Sohn sein."

Da war sie wieder, die alte Geschichte. Ein Brief überbrückte vierzig Jahre und führte sie in ein Waldstück südlich von Danzig. Ilse und Gerhard Gronenberg waren in jungen Jahren gern in den Wald gewandert, um nach Steinpilzen und Maronen Ausschau zu halten. Der Junge hatte sie oft begleitet, bis er zu den Soldaten musste.

Wir müssen nach Danzig fahren, sagte Gerhard Gronenberg zu seiner Frau.

Sie fragten beim Roten Kreuz nach Name und Adresse der Pilzsammler. Genannt wurde ihnen eine Ivonka Kiburski, die in einem Danziger Vorort wohnte. Sie schrieben ihr einen Brief und fragten, ob sie ihnen die Stelle im Wald zeigen könnte, wo die Erkennungsmarke gelegen hatte. Eine polnische Übersetzung des Briefes fügten sie bei.

Ausgerechnet Pilzsammler! Die letzten Kämpfe um Danzig fanden im März 45 statt, da hatten Pilzsammler nichts im Wald zu suchen. Ihr Junge wurde von einer Kugel getroffen.

Nach vier Wochen meldete sich Ivonka Kiburski mit einem kurzen Brief in deutscher Sprache. Ja, sie könnten kommen, am besten im September, wenn die Pilze wachsen.

Sie fuhren per Eisenbahn über Berlin nach Danzig. Bei sich hatten sie die letzten Feldpostbriefe, die der Junge nach Hause geschrieben hatte, ebenso einige Fotos, die sie Ivonka Kiburski zeigen wollten.

Die Frau lebte allein, ihr Mann war vor einem Jahr gestorben. Sie war schon oft hinausgefahren, um die Stelle im Wald zu besuchen, an der damals, als ihr Mann noch lebte, die Erkennungsmarke gelegen hatte. So machte sich Ivonka Kiburski mit Ilse und Gerhard Gronenberg wieder auf den Weg in den Wald.

Es ist ein gutes Pilzjahr, sagte sie und zeigte auf die gelbbraunen Maronen, die im Blaubeergestrüpp leuchteten. Nebenbei erzählte sie von ihrem eigentlichen Zuhause in der Nähe von Lomsca und von ihrem Mann, der aus der Gegend von Wilna nach Danzig gekommen war.

Der Krieg hat uns zusammengebracht, Kriege können auch Ehen stiften, sagte sie und lachte.

Seitdem ihr Mann tot war, ging sie nur noch selten in den Wald. Sie fürchtete sich vor den Toten, die in der Erde lagen. In den Wäldern um Danzig waren viele gestorben.

Vor einem Hang, bewachsen mit jungen Birken, blieb sie stehen und zeigte auf einen runden Stein. Den hat mein Mann auf die Stelle gelegt, an der wir die Marke gefunden haben, sagte sie.

Zu dritt betrachteten sie den Stein. Ilse Gronenberg wischte sich die Augen, Gerhard stocherte mit einem Stock in der Erde. Dort unten, vielleicht nur einen Spatenstich unter der Grasnarbe, könnten noch Knochen liegen oder Stoffreste einer Wehrmachtsuniform.

Wir sollten den Jungen in Ruhe lassen, sagte Gerhard Gronenberg. Ich werde ein Holzkreuz in die Erde geben, dann wissen wir, wo er liegt.

Auf dem Rückweg zur Straße verließ Ivonka den Waldpfad, wenn sie leuchtende Maronen im Gebüsch entdeckte. Sie sammelte die Pilze in ihre Schürze und sprach von einer guten Mahlzeit.

Gerhard Gronenberg half ihr, die Pilze zu tragen. Ilse dachte an die vierzig Jahre, die ihr Junge in diesem Wald zusammen mit den Pilzsammlern zugebracht hatte.

Gibt es in Deutschland auch Pilze? fragte Ivonka. Nach einer Pause fügte sie hinzu: Liegen bei euch auch Erkennungsmarken in den Wäldern?

Sie bedauerte es, dass in Russland keine Erkennungsmarken zu finden waren. Meinen Ältesten, den Jannik, haben sie 1945 nach Russland geschleppt. Dort ist er in einem Lager hinter dem großen Gebirge gestorben. Aber keiner kann mir sagen, wo er begraben liegt.

Sie fanden noch Steinpilze und Pfifferlinge.

Mein Jüngster, der Pjotr, ist in Deutschland gestorben, erzählte sie weiter. Ungefähr zur gleichen Zeit, als euer Junge im Danziger Wald umkam. Ja, wir Polen hatten es nicht leicht mit unseren großen Nachbarn.

Sie hatte einige Mühe, das Wort Neuengamme auszusprechen, wo ihr Jüngster begraben lag. Auch dort wuchsen Maronen und Steinpilze.

Nur eine Münze

Tief musst du pflügen, sagte der Vater, der in jedem vierten Jahr die Steine aus dem Erdreich herauspflügen und absammeln ließ. Der Weizen sollte gut wachsen.

Nach der Ernte pflügte der Junge den Acker am Moorweg, pflügte so tief, wie der Vater es befohlen hatte. Vier Pferde zogen einen dreischarigen Pflug. Die gebrochene Erde glänzte, Dampf stieg aus der Tiefe, hier und da leuchteten weiße Steine. Kinder rannten mit Körben hinter dem Pflug und sammelten die Steine. Sie schütteten sie auf große Haufen am Wall, einige, die sie schön fanden, nahmen sie mit nach Hause für die Spielkiste. Die Kinder waren es, die das helle, längliche Etwas fanden, das aus der moorigen Erde an die Oberfläche gekommen war. Es sah spröde aus, war kein Stein, vielleicht ein Knochen. Ein Tier wird sich vor langer Zeit zum Sterben an den Feldrain gelegt haben. Geblieben war ein Knochen, den der Pflug ans Tageslicht geworfen hatte.

Der Junge besah das Fundstück von allen Seiten. Als er mit der Stiefelspitze im Boden wühlte, fand er einen zweiten Knochen, größer als den anderen. Er dachte an Elle und Speiche eines Unterarms, an einen Fuß und das Bein eines Menschen. Nachdem er die Knochen gesäubert hatte, steckte er sie in die Hosentasche, um sie nach getaner Arbeit im Dorf vorzuzeigen.

Auf unserem Acker liegt ein Toter, erklärte er den Alten, die auf der Bank am Dorfplatz saßen und ihre Abendpfeife rauchten. Wer vermisst diese Knochen?

Sie rätselten hin und her. Es fehlte keiner. War der Tote ein Mann oder eine Frau? Vielleicht ein Soldat aus den vielen Kriegen, die hier durchgezogen waren. Oder ein Gefangener, der es auf dem Weg nach Hause nur bis zu diesem Acker geschafft hatte.

Bald wussten es alle, und am nächsten Morgen kamen viele aufs Feld, um die Fundstelle zu besehen. Sie hofften, noch mehr zu finden und so dem Toten näherzukommen. In den großen Kriegen hatte es auf diesem Acker keine Kämpfe gegeben. Niemand vermisste eine Person. Der Tote musste ein Fremder sein, der sich zum Sterben auf diesen Acker verirrt hatte.

Der Junge ging mit Spaten und Harke aufs Feld, grub ein Loch, verstreute die Erde im Umkreis und hoffte, weitere Überreste, falls es sie gäbe, einsammeln zu können. Dabei dachte er an Tücher, Schnallen und ledernes Schuhwerk, Gegenstände, die Menschen am Leibe tragen und die länger überdauern als sie selbst. Was er fand, wollte er mit den Knochenresten auf den Gemeindefriedhof fahren, dort ein Holzkreuz setzen und ihm die Inschrift geben: Unbekannter Toter.

Beim Wühlen in der Erde fand er, umgeben von kleinen Kieseln, ein verschmutztes Etwas, nicht größer als ein Daumen. Er kratzte den Schmutz ab, wog den Gegenstand in seinen Händen und dachte an Bernstein. Auf den masurischen Feldern wurden diese Überbleibsel der Eiszeit gelegentlich gefunden und in Ehren gehalten. Der Tote mag ein solches Schmuckstück am Hals getragen haben. Mit Spucke wischte der Junge den Stein sauber. Zum Vorschein kam eine Münze, die auf der einen Seite die Zahl zwanzig trug, auf der anderen ein Bild mit unleserlicher Schrift. Es mochte ein Erinnerungsstück sein, das der Soldat seiner Frau hatte mitbringen wollen? Frauen mögen alte Schmuckstücke.

Der Dorfschulze, der den sonderbaren Fund anfangs auf sich beruhen lassen wollte, weil niemand das verloren gegangene Stück suchte, setzte schließlich doch ein Schriftstück auf, um Näheres in Erfahrung zu bringen. Vielleicht wäre ein Verbrechen aufzuklären, ein Verschollener zu finden, ein Mörder oder Mordopfer ausfindig zu machen. Sie gaben die Münze in die Stadt, um die Inschrift entziffern zu lassen. Es kam heraus: Die Münze zeigte einen gewissen Napoleon und war im Jahre 1805 geprägt worden.

Wie kam ein so mächtiger Kaiser auf diesen Acker? Sie dachten sich allerlei Geschichten aus. Auf dem Rückzug der Großen Armee aus Russland legte sich ein müder Soldat in den Straßengraben und stand nicht mehr auf. Ein französischer Kriegsgefangener, der in einem der Weltkriege auf einem der masurischen Güter gearbeitet hatte, wird die Münze mitgebracht haben. Auf dem Heimweg konnte er sie nicht mitnehmen, weil er vorher auf dem Acker verstarb. In dem Krieg von 1870/71 verschlug es keine Franzosen nach Masuren. Zu denken wäre auch an einen deutschen Kriegsgefangenen, den sie in Frankreich festgehalten hatten und der sich 1918 auf den Heimweg machte. Er durchwanderte Frankreich und Deutschland, kam zu diesem Acker, legte sich neben die Dornenbüsche und starb.

Nach tagelangem Nachdenken trug der Junge die Münze in einen Laden, der mit Gold, Silber und Münzen handelte.

Das Zeug ist nichts wert, sagte der Händler. Es ist Kriegsgeld.

Wenn es so ist, nehme ich das wertlose Stück wieder mit, erklärte der Junge.

Auf dem Heimweg dachte er an das sonderbare Schmuckstück und den unbekannten Toten. Er sah die feierliche Zeremonie, bei der ihm die Münze verliehen worden war. Er sah die Frau, für die das

Schmuckstück bestimmt war und die auf den Heimkehrer wartete.

Nach solchen Gedanken konnte er die Münze nicht zurück in die Erde geben. Sie war zu wertvoll. Er hängte sie neben das Kruzifix an die Wand und grüßte sie jeden Morgen.

Am Kursker Bogen

Sie erfuhren es erst später, dass es die größte Schlacht des Zweiten Weltkriegs gewesen war. Fast eine Million tote Soldaten. Eine deutsche Stadt am Rhein hatte eine ganze Division verloren. In dieser Stadt hatte sich ein Erinnerungskreis gebildet, der regelmäßig zusammenkam, um über die Vergangenheit zu sprechen. Das Treffen fand immer am 22. Juni statt.

Zu dem Kreis gehörte auch Liselotte Gerdes, deren Großvater bei Kursk gefallen war. Am 70. Jahrestag der Schlacht machte ein Teilnehmer des Erinnerungskreises den Vorschlag, nach Kursk zu fahren. Dort gebe es einen deutschen Soldatenfriedhof namens Besedino, auf dem zwanzigtausend Gefallene ruhten. Hier könnten sie die Namen von Gefallenen auf großen Steinkreuzen und Stelen eingraviert finden. Aus der Umgebung von Kursk sollten bald weitere zwanzigtausend Umbettungen erfolgen.

Zwei Dutzend Angehörige bestiegen einen Bus und machten sich auf den Weg nach Kursk. Ein der russischen Sprache mächtiger Mitreisender hatte vorher Kontakt mit der Stadt aufgenommen und die Reise angekündigt. Die deutschen Besucher wurden erwartet und freundlich empfangen. Eine Delegation der Stadt begleitete sie zum Friedhof Besedino.

Es war ein Friedhof besonderer Art. Auf einer riesigen Wiese sahen sie Steinkreuze und Stelen, auf denen die Namen der Toten eingraviert standen. Sie wanderten, begleitet von den russischen Gastgebern, die Kreuze ab. Der eine oder andere fand einen bekannten Namen und verharrte ein paar Minuten schweigend vor dem Stein. Es wurden auch Blumensträuße niedergelegt.

In der Mitte des Friedhofs versammelte sich die Reisegruppe mit den russischen Begleitern vor einem größeren Felsen. Es sollten Gedenkworte gesprochen und Lieder gesungen werden. Ein Reporter, der in dem Bus aus Deutschland mitgekommen war, machte Aufnahmen und schrieb einen Text für eine deutsche Zeitung. Schließlich trat eine Geigerin auf und spielte ein Klagelied, das die Besucher zu Tränen rührte. Kaum hatte sie geendet, erschienen mehrere Frauen, die gefüllte Wodkaflaschen und Tabletts mit leeren Gläsern trugen. Sie schenkten ein. Die Reisegruppe bildete mit den russischen Begleitern einen Kreis um den Felsen, sie tranken zum Andenken an die Toten der Schlacht am Kursker Bogen.

Als die Reisenden heimkehrten, erlebten sie einen merkwürdigen Empfang. Die Zeitung hatte einen Bericht über die Reise nach Kursk und ein Foto der Reisegruppe mit erhobenen Wodkagläsern gebracht. Der Bericht löste Empörung aus. Wie konnten sie sich auf einem Soldatenfriedhof mit zwanzigtausend Toten so gehen lassen! Ein Exemplar der Zeitung mit dem Bild der Wodkatrinker gelangte auch in die Stadt Kursk.

Zwei Jahre später unternahm die Gruppe eine erneute Reise nach Kursk. Wieder begleiteten die russischen Gastgeber sie zum Friedhof. Aber sie ließen sie allein zu den Gräbern wandern und warteten vor den Toren. Als die deutschen Besucher zum Bus zurückkehrten, trauten sie ihren Augen nicht. Außerhalb des Friedhofs waren lange Tische aufgebaut. Darauf standen Teller mit Wurst, Käse und mehreren Flaschen Wodka. Die Geigenspielerin spielte wieder das Lamento. Als sie geendet hatte, stimmte sie etwas Lustiges an, das einige Frauen zum Tanzen anregte. Zum Abschluss sangen sie.

Der Junge mit der Mundharmonika

Damals, als sie nicht gehen konnten, wohin sie wollten, als Zäune und Mauern den Weg versperrten und Soldaten bestimmten, in welche Richtung sie zu laufen hatten, damals wollte der zehnjährige Alfred an der Hand seiner Mutter die Oma besuchen, die auf der anderen Seite des Zauns lebte. Sie mussten den Grenzwald durchqueren, der von Soldaten bewacht wurde. Um ihnen nicht zu begegnen, wanderten die Grenzgänger nur bei Dunkelheit westwärts. Bepackt mit Taschen und Rucksäcken gingen sie schweigend zu der Stelle, die als Grenze gekennzeichnet war. Bevor sie sie überschreiten konnten, rief eine Stimme: Stoi!

Ein Soldat trat aus den Büschen und ging mit einer Maschinenpistole im Anschlag auf sie zu.

Stoi! rief er wieder.

Als er sah, dass nur eine Frau mit Kind an der Grenze stand, ließ er die Waffe sinken und zeigte in die Richtung, aus der sie gekommen waren.

Dawai nach Osten! rief er.

Er kam näher und entdeckte die Mundharmonika, die Alfred um seinen Hals gebunden hatte. Der Soldat tippte mit dem Lauf der Maschinenpistole auf das Instrument und bedeutete dem Jungen zu spielen.

Obwohl sie im düsteren Dezemberwald standen, in dem keine Vögel sangen und die Bäume nicht grünten, spielte er „Der Mai ist gekommen".

Der Soldat lachte. Er nahm die Mundharmonika und spielte ein russisches Kinderlied, das Alfred nicht kannte. Er zeigte in die westliche Richtung, wo die Großmutter lebte. Die Mundharmonika steckte er in seine Hosentasche.

Paschli! rief er.

Sie machten sich auf den Weg nach Westen, weit entfernt spielte jemand Mundharmonika.

Heiligelinde

Jahr für Jahr strömen Tausende zu den Türmen der schönsten Kirche Masurens, die im Tal zwischen Deinowosee und Wirbelsee zweiundfünfzig Meter hoch in den Himmel ragen. Die Besucher singen traurige Lieder, jeder zweite fällt auf die Knie.

Wie konnte es geschehen, dass diese Kirche vor achtzig Jahren, als so vieles in Scherben fiel, unversehrt blieb, fragte ein Besucher.

Die Heilige Jungfrau hat sie beschützt, antwortete der Pfarrer. Nur das Kirchengestühl wurde beschädigt, als durchziehende Soldaten im Gotteshaus übernachteten.

Leben noch Menschen, die bei der Tragödie von Heiligelinde dabei gewesen sind? Vielleicht diese alte Frau, die drüben am Tor steht und Münzen sammelt, nicht für sich, sondern für die Heilige Jungfrau.

Ob sie bei Kriegsende in Heiligelinde gelebt hat? fragte einer.

Die alte Frau senkte den Kopf, hob die Hände und rief: Stola! Stola! Sie meinte die Toten, die damals zurückblieben. Sie wurden auf dem Platz vor der Kirche begraben, an der Stelle, wo jetzt die Besucher standen und das Gotteshaus bewunderten.

Die alte Frau zeigte zu einem Hügel hinter dem Gotteshaus. Jahre nach dem Krieg hatten sie einen Friedhof errichtet und die Toten umgebettet.

Da liegen sie, sagte sie, setzte sich auf eine Steinbank und wischte Wasser aus ihrem Gesicht.

Stola! Stola! rief sie wieder.

Hundert alte Leute mussten damals sterben. Du bist der Erste, der nach ihnen fragt.

Was hat sich hier zugetragen?

Auf dem Friedhof stehen Tafeln mit den Namen, antwortete die alte Frau. Da kannst du alle finden, die damals umgekommen sind.

Dann erzählte sie von damals, als das Unglück geschah.

Sie lebte mit ihrer Großmutter in der Stadt Rastenburg, als der Krieg kam, in einem schönen Feierabendheim im Georgiental unterhalb der großen Kirche. Vor dem Heim standen Kastanienbäume im Park. Noch zur Adventszeit sammelten die Kinder Kastanien.

Die neuen Herren, die nach dem Krieg in die Stadt kamen, fanden Gefallen an dem Feierabendheim, wollten es für die Soldaten nutzen und befahlen den alten Leuten – da war schon der Sommer angebrochen –, das Haus zu verlassen und zu einer anderen Unterkunft namens Heiligelinde zu wandern, zwanzig Kilometer von der Stadt entfernt. Die meisten kannten den Ort, den sie in jungen Jahren oft besucht hatten, ein kleiner Flecken mit einem großen Gotteshaus.

Lastwagen für die Reise gab es keine. Die wenigen Autos, die durch die Stadt fuhren, brauchte die Armee. Pferdewagen benötigten die Bauern, um die Wiesen zu mähen und das Heu in die Scheunen zu fahren. Also mussten sich die Alten zu Fuß auf den Weg machen, was nicht beschwerlich war, denn sie wanderten im Sonnenschein. Die Stimmung war gut, sie sangen lustige Lieder. Zum Ende hin wurde der Weg anstrengender, und als sie am späten Nachmittag in Heiligelinde ankamen, fehlten einige, die im Graben eingeschlafen waren.

Von denen, die in Heiligelinde ankamen, lebt heute keiner mehr, sagte die Frau, die damals ein kleines Mädchen gewesen war und jetzt als alte Frau auf der Bank vor dem Gotteshaus saß, um Münzen zu sammeln für die Heilige Jungfrau.

Wie konnte der liebe Gott ein solches Unglück zulassen?

Ach, der liebe Gott, der war ausgewandert nach Deutschland und hatte die alten Leute allein gelassen.

Hätten sie die Kirche geöffnet, wäre das Unglück nicht geschehen. Aber sie schickten die alten Leute zu einem großen Haus in der Nähe, das in deutscher Zeit ein Hotel mit Gastwirtschaft gewesen sein mochte. Sie kamen in einen Saal und erwarteten, wie es in Hotels und Gastwirtschaften Brauch ist, mit Essen und Trinken versorgt zu werden. Doch es gab nichts, denn es war niemand da.

Die Wachen, die vor der Kirche standen, hatten nur die Aufgabe, die Gefangenen am Weglaufen zu hindern, nicht aber für Essen und Trinken zu sorgen. Sie befahlen den Männern, die noch etwas Kraft besaßen, die Gestorbenen auf den Hügeln hinter der Kirche unter die Erde zu bringen. So geschah es.

Schon in der ersten Nacht starben zwei Frauen. Es gab keinen Arzt, keine Krankenschwester, nur der weiße Mann erschien Stunde um Stunde.

In den Sommermonaten leerte sich die Halle mehr und mehr, gleichzeitig wuchsen die Sandhügel auf dem Friedhof höher und höher. Im Herbst begannen die kalten Nächte, zur Adventszeit zählten sie neunundachtzig alte Menschen, die in Heiligelinde gestorben waren.

Dann kam ein Lastwagen vorgefahren.

Ihr müsst zurück in die Stadt, sagte der Fahrer zu den Wenigen, die geblieben waren. Ein Zug bringt euch nach Westen.

Mit diesen Worten öffnete er die Luke seines Wagens und ließ die Alten einsteigen.

Es wurde eine angenehme Fahrt in die Stadt zu einem neuen Leben im Westen. Als der Lastwagen am Feierabendheim vorbeifuhr, in dem sie bis zum Sommer gelebt hatten, sahen sie auf dem Dach des Heims eine polnische Fahne wehen und vor dem Eingang stand ein Tannenbaum. Ach ja, die Adventszeit hatte begonnen. Weihnachten werden wir im Westen erleben.

Der Lastwagen fuhr hinunter zum Bahnhof, hielt vor fünf geschlossenen Güterwagen, die von zwei Posten bewacht wurden.

Das ist eure Kutsche nach Deutschland, sagte der eine und befahl den Alten, in die Güterwagen zu klettern.

Wann die Reise beginnen sollte, am Abend, in der Nacht oder am Morgen, wusste niemand. Bevor eine Lokomotive kam und sich vor die Wagen spannte, begann es zu schneien; bald sah die zerstörte Stadt malerisch aus.

Schade, dass wir sie verlassen müssen, sagte eine alte Frau. Es ist doch unsere Stadt.

Nachts kamen noch viele zum Bahnhof, hauptsächlich Frauen mit Kindern. Sie stapften durch den Schnee und kletterten in die Güterwagen. Weil die Wagen sich füllten, wurde es wärmer.

Wir fahren nach Deutschland! jubelten die Kinder.

Draußen schaufelten alte Männer die Schienen frei. Eine Lokomotive setzte sich vor die fünf Wagen.

Die Kinder bewunderten das feurige Ungeheuer, das Wärme verbreitete und den Schnee schmelzen ließ.

Zum ersten Mal in meinem Leben werde ich mit der Eisenbahn fahren, sagte eine alte Frau.

Wo kommt ihr her? fragte eine andere.

Aus Heiligelinde.

Wie könnt ihr den herrlichen Ort mit der wunderbaren Kirche verlassen, um nach Deutschland zu fahren? wunderte sich die Frau.

In Heiligelinde kann niemand leben, nur noch sterben, antwortete eine Stimme.

Als die Sonne aufging, begann die Fahrt. Langsam verließ der Zug die Stadt, deren Ruinen weiß leuchteten. Wenn die Lokomotive Laut gab, klatschten die Kinder in die Hände.

Ob wir an Heiligelinde vorbeikommen? fragte eine Frau.

Heiligelinde hat keinen Bahnanschluss, antwortete eine Stimme aus dem Dunkeln. Der Ort liegt im Norden, aber wir fahren nach Westen, wir fahren nach Deutschland.

Bald fragten sie nach einem Frühstücksessen. Der Zug wird halten, und die Leute von der Bahn werden Kaffee und Roggenbrot verteilen. Aber der Zug tuckerte durch die verschneite Landschaft, in der Krähen im Pulverschnee hüpften.

Wenigstens zu trinken könnten sie uns geben,

sagte eine Frau und zeigte auf die endlosen Schneeflächen.

Wie lange fährt so ein Zug nach Deutschland? wollte jemand wissen.

Die sich auskannten, gaben der Bahn zehn Stunden. Sie meinten, das wäre zu ertragen, auch ohne Essen und Trinken.

Aber es zog sich in die Länge. Mitten im weißen Land blieb der Zug häufig stehen, die Lokomotive koppelte ab und fuhr voraus, um Kohle und Wasser zu holen. Dann sprangen die Kinder in den Schnee und brachten Schneebälle an die Türen für die alten Leute.

Nachmittags kehrte die Lokomotive zurück, koppelte an und fuhr, als wäre nichts gewesen, weiter nach Westen, immer nach Westen.

Wenn wir so bummeln, werden wir eine Woche unterwegs sein, sagte eine Stimme.

Bevor sie Allenstein erreichten, hielt der Zug im freien Gelände, weil eine tote Person ausgeladen werden musste, eine Frau aus Heiligelinde, die nicht weiterfahren wollte. Die Kinder standen am Bahndamm und sahen zu, wie sie im Schneematsch begraben wurde. Zugedeckt wurde sie nicht mit Erde, sondern mit weißem Pulverschnee.

Allenstein erlebten sie angenehmer. Sie durften die Wagen zwar nicht verlassen und durch die Stadt ziehen, aber es gab einen schwarzen Kessel, in dem warme Suppe brodelte. Wer keinen Löffel besaß, trank Suppe aus dem Kochgeschirr.

Vor der Weiterfahrt wurden weitere Wagen voller Menschen angekoppelt. Der Zug bekam auch eine zweite Lokomotive.

Nun geht es schneller, freuten sie sich.

In zwei Tagen erreichten sie Frankfurt am Oderfluss. Da hatten sie einen längeren Aufenthalt. Es gab Suppe satt, dazu trocken Brot, für die Kinder einen Dauerlutscher.

Wo kommt ihr her? fragte die Frau, die die Suppe austeilte.

Aus Heiligelinde.

Den Namen kannte niemand, aber er klang gut.

Bald seid ihr in Berlin, rief einer vom Bahnsteig her. Aber vorher mussten wieder die Schienen freigeschaufelt werden, und jeden Tag gab es Beerdigungen.

Jemand erwähnte Weihnachten. Wenn wir lange genug durch die Adventszeit fahren, werden wir Weihnachten unser Ziel erreichen. Die Rede war von einem riesigen Tannenbaum am Berliner Bahnhof mit leuchtenden Kerzen.

So kam der Abend des 23. Dezember, als der Zug tatsächlich in Berlin einlief. Niemand sang „O du fröhliche". Auf dem Bahnhof verteilten sie ein Stück Pfefferkuchen für jeden. Eine Frau lief mit einem

Schreibblock von Wagen zu Wagen und notierte die Zahl derer, die sie unterwegs verloren hatten.

Danach kamen sie in ein Auffanglager, das warm war und in dem es Essen und Trinken gab.

Ich war damals ein junges Mädchen, fuhr die alte Frau fort. Als ich alt genug war, selbst über mein Leben zu entscheiden, hätte ich auch nach Deutschland reisen können, aber ich blieb in Heiligelinde bei den vielen, die dort unter der Erde lagen. Später bauten sie eine Gedenkstätte für die Toten des Friedhofs Swieta Lipka mit neunundachtzig Namen auf neunundachtzig Kreuzen.

Opas Krieg

An seinem achtzigsten Geburtstag saß Opa mit dem Enkel Peer am Kaffeetisch. Der Junge war achtzehn Jahre alt und fragte, während sie Streuselkuchen aßen, wie es denn so war, als der Großvater auf die Welt kam.

Der erzählte vom Geld. Sie besaßen Wäschekörbe voller Scheine, die nichts wert waren. Das Geld nannte sich Reichsmark, aber das Reich war untergegangen. Zurückgeblieben waren Wäschekörbe voller Papier.

Bist du auch im Zweiten Weltkrieg gewesen? fragte Peer.

Der alte Mann nickte. Der Krieg war für alle da, sagte er. Es gab ihn überall im Osten und im Westen, in den Städten fielen Bomben, auf den Meeren gingen Schiffe unter.

Aber du hast überlebt, sagte der Junge.

Der Großvater lachte. Wenn ich nicht überlebt hätte, wärst du nicht auf der Welt.

Der Junge war in dem Alter, in dem er an Soldaten denken konnte. Ja, es gab sie wieder, aber sie marschierten durch eine friedliche Zeit. Nie wieder

Krieg!, schrieben junge Leute auf Plakate, die sie am Totensonntag durch die Straßen trugen.

Lass uns über angenehmere Dinge sprechen, sagte der Großvater. Krieg ist blutig und schmutzig.

Hast du auf Feinde geschossen? wollte der Junge wissen.

Sein Gegenüber nickte.

Wer nicht schießt, wird erschossen, stellte der alte Mann fest.

Peer schüttelte den Kopf. Das hatte er seinem Großvater nicht zugetraut: auf Menschen schießen.

Sie aßen Streuselkuchen und schwiegen. Peer kam es vor, als zähle sein Opa die getöteten Feinde. Plötzlich griff der alte Mann zur Flasche und schenkte klaren Schnaps ein.

Das ist besser als Krieg, sagte er und erzählte, wie er nach dem Krieg die Tischlerwerkstatt aufgebaut hatte, angefangen in einer Garage. Bald beschäftigte er ein halbes Dutzend Mitarbeiter und verdiente gutes Geld. Deinen Vater konnte ich zur höheren Schule schicken, und als du geboren wurdest, haben wir ein Fest gemacht. Den Krieg hatten wir längst vergessen.

Ist niemand gekommen und hat gefragt, was du im Krieg gemacht hast? wollte Peer wissen.

Da hätten sie viele fragen können, antwortete der Großvater. Alle hatten etwas gemacht und wollten nicht darüber sprechen.

Der Junge betrachtete die Hände seines Großvaters. Es waren weiche Hände, mit denen er seinen Enkelsohn gestreichelt hatte. Er konnte sich nicht vorstellen, wie sie ein Gewehr gehalten und abgedrückt hatten.

Hattet ihr auch mit Juden zu tun? fragte er.

Die Frage schien dem Großvater nicht zu gefallen. Er winkte ab und schwieg.

In der Schule erzählten sie von sechs Millionen Juden, die im Krieg umgekommen sein sollen.

Der Großvater schwieg immer noch.

Peer konnte sich nicht vorstellen, dass sein Großvater, der zu allen Menschen freundlich war, Juden umgebracht haben sollte. Warum auch? Sie hatten ihm nichts getan.

Kennst du Auschwitz? fragte er.

Der alte Mann schenkte noch einen Schnaps ein, dann schüttelte er heftig den Kopf. Nur einmal vorbeigefahren, als die Verbrennungsöfen rauchten, sagte er.

Das mit den Verbrennungsöfen wollte der Junge genauer wissen.

Was ist da verbrannt worden? fragte er.

Großvater konnte es nicht erklären. Er war ja nur an Auschwitz vorbeigefahren und hatte den Rauch gesehen.

Hat dich nach dem Krieg niemand gefragt, was du in Auschwitz zu tun hattest?

Großvater schüttelte den Kopf. Ich habe mit niemand über Auschwitz gesprochen. Als der Krieg zu Ende ging, zog ich meine Uniform aus und suchte eine Garage, um mit der Tischlerarbeit anzufangen. Es war eine große Zeit. Wir nannten es Wirtschaftswunder.

Heimkehr

Vierzehn Jahre und dreiunddreißig Tage. So lange dauerte sein Krieg. Als er ausbrach, riefen sie Günther Wiese zu den Waffen, wie es damals hieß. Als er endete, lebte er in einem Kriegsgefangenenlager in Samarkand und dachte jeden Tag an Erika und die Kinder. Wie würden sie ihn empfangen?

Als er den Kirchturm von Weißenfels sah, fühlte er sich zu Hause. Der Turm und die übrigen Häuser des Ortes schienen unbeschädigt durch den Krieg gekommen zu sein, er erkannte sie wieder. Sein Haus, am Bachlauf gelegen, mit einem Garten hinauf zum Hang, zeigte keine Zerstörungen, sondern weiße Fensterrahmen und eine rote Tür wie damals, als er es verlassen musste. Er hatte es mit eigenen Händen gebaut, bis sie ihn in den Krieg holten.

Ob Erika noch in dem Haus lebte? Und die beiden Kinder. Würden sie den Vater erkennen nach so langer Zeit? Du hast dich auch verändert, Günther Wiese, bist ein alter Mann geworden, dem der Wind durch die Backen pfeift, wie man so sagt.

Er legte sein Bündel an die Gartenpforte und ging langsam auf die Tür zu.

Das Anwesen war ordentlich hergerichtet, der Garten gepflegt, es blühten Kirschbäume.

Eine Gardine bewegte sich, jemand war im Haus. Die Tür ging auf, aber nur einen Spalt. Er erkannte Erikas Gesicht.

Mein Gott! rief sie.

Er wollte eintreten, aber die Kette, mit der die Tür befestigt war, hinderte ihn daran.

Warum die Kette? fragte er.

Es gibt so viele Rumtreiber bei uns, antwortete sie.

Er hatte sich Küsse und Umarmungen vorgestellt, aber die Haustürkette machte jede Zärtlichkeit unmöglich.

Sie sagten, mehr als fünf Jahre hält es keiner in russischer Gefangenschaft aus, hörte er Erikas Stimme. Nach fünf Jahren habe ich einen anderen genommen, der wohnt jetzt mit im Haus.

Er schloss die Augen.

Das Haus gehört doch mir, sagte er. Ich habe es mit eigenen Händen gebaut.

Sie schüttelte den Kopf.

Nach fünf Jahren erklärten sie dich für tot. Das Haus fiel an mich und die Kinder. So ist das nach unserem Recht.

Er setzte sich auf die Treppe und dachte an die russischen Wälder. Wie oft hatte er von seiner Frau geträumt, und jetzt empfing sie ihn mit einer Kette vor der Tür. Was ist das für ein Land, das seine Männer in den Krieg schickt, sie zehn Jahre Gefangenschaft erdulden lässt und sie dann für tot erklärt?

Wie geht es den Kindern? fragte er.

Die sind in der Schule, antwortete Erika. Mein Mann kommt bald von der Arbeit, es ist besser, du gehst, bevor er eintrifft, sonst streitet ihr euch nur.

Er wollte diesem Menschen, den sie ihren Mann nannte, nicht begegnen, nicht mit ihm streiten. An der Gartenpforte schaute er sich um, sah die rote Tür, die wieder geschlossen wurde, nahm sein Bündel und wanderte die Straße hinab zu dem weißen Turm. Die Kirche war geöffnet, er trat ein und war ganz allein.

Besuch im Kinderdorf

Ich wäre gern zu Ihrer Beerdigung gekommen, aber einige Krankheitsfälle in unserem Kinderdorf hinderten mich daran, Sie auf Ihrem letzten Weg zu begleiten. Wir haben ein neues Haus errichtet für erkrankte Kinder, und weil Sie so viel für unser Kinderdorf getan haben, erhielt das Haus Ihren Namen: Friedrich Wegner. Ich glaube, die Kinder werden unter diesem Namen schneller gesund werden. Ein Foto des Hauses lege ich bei. Es wäre mir recht, wenn dieser Brief und das Bild mit ins Grab kämen.

Meine Mutter – Gott habe sie selig – hat mir viel von dem jungen Soldaten erzählt, dem sie in dem furchtbaren Krieg begegnete. Mit siebzehn Jahren musste er schon zu den Kanonen, trug voller Angst Bomben und Granaten. Als die Rote Armee in Berlin einrückte, nahm sie den Jungen gefangen und schaffte ihn mit vielen anderen nach Osten in ein Gefangenenlager bei Mogilew. Da gab es eine Krankenstation, in der meine Mutter als junge Ärztin arbeitete. Sie begegnete dort dem Jungen, der keine fünfzig Kilogramm wog und bald sterben wollte. Meiner Mutter gelang es, ihn zum Leben zurückzubringen. Eines Morgens, als sie an sein Lager trat, lachte er sie an. Da wusste sie, dass das Schlimmste überstanden war. Dank ihrer Pflege wuchs der Patient zu einem stattlichen jungen Mann heran. Als Jahre danach die ersten Gefangenentransporte zurück in seine Heimat fuhren, durfte er dabei sein. Meine Mutter hat ihn zu dem Güterzug begleitet, der nach Berlin fahren sollte. Danach haben sie sich nicht mehr gesehen, auch keine Briefe geschrieben, denn sie wussten keine Anschriften. So verloren sie sich aus den Augen, aber nicht aus dem Sinn.

Meine Mutter hat es nicht mehr lange in dem kommunistischen Land ertragen, sie ist nach Jerusalem ausgewandert. Dort arbeitete sie als Ärztin in unserem Kinderdorf, in dem ich auf die Welt gekommen bin. Sie ist früh verstorben und hat nicht mehr erlebt, wie der junge Mann, den sie im Gefangenenlager kennengelernt hatte, nach Jerusalem gekommen ist, unser Kinderdorf zu besuchen. Kann sein, dass die beiden sich nie mehr gesehen haben. Aber mir blieb die Geschichte, die meine Mutter erzählt hat, im Kopf und ließ mich diesen Brief schreiben.

Vielleicht sollte der Brief doch nicht in das Grab gegeben werden, sondern in die Archive und die großen Zeitungen gelangen als ein Zeichen dafür, wie ein deutscher Soldat und eine jüdische Ärztin in jenen furchtbaren Tagen gute Menschen sein konnten.

Wenn es die Zeit zulässt, werde ich nach Deutschland reisen und Ihr Grab besuchen. Bis dahin grüße ich Sie von allen Kindern aus unserem Dorf.

Jerusalem, Januar 2020
Ihre Machana

Gas aus Workuta

Als die erste Ladung in Bremen verschifft wurde, war Thormann dabei. Wegen der besonderen Bedeutung und falls die Presse käme, hatte die Geschäftsleitung eingeladen. Es kam aber niemand. Die sowjetische Botschaft hatte einen Attaché geschickt, der die Verladung der Röhren fotografierte. Anschließend lud er Thormann zum Essen in ein Bremer Lokal ein.

Tags darauf wurde er zur Direktion gerufen. Der kaufmännische Direktor fragte ihn, ob er Lust habe, nach Russland zu fliegen.

„Die Russen haben uns eingeladen", sagte er. „Sie wollen zeigen, welche Fortschritte sie mit der Pipeline gemacht haben."

Thormann sagte spontan ja. Als er später das Wort *Workuta* hörte, zuckte er zusammen, konnte sein Ja aber nicht mehr zurücknehmen. Abends saß er im Sessel vor der Landkarte der Sowjetunion und dachte an die Strapazen einer Reise hinauf zum Eismeer. Dazu die russische Gastfreundschaft mit schwerem Essen und vollen Wodkagläsern. Er war sechzig Jahre alt und dachte häufiger an seine Pensionierung als an Geschäftsreisen in unwirtliche Gegenden.

Im August traf er sich auf dem Düsseldorfer Flughafen mit einer Gruppe von Fachleuten der Röhrenproduktion. Von dort ging es im Direktflug nach Moskau. Begrüßung mit Blumen und Fähnchen, anschließend Empfang im Ministerium. Abends im Hotel das erste russische Besäufnis. In dem Programm für den weiteren Verlauf der Reise fand er wieder das Wort *Workuta*, in seiner Erinnerung der Inbegriff des Schreckens mit mückenschwirrenden heißen Sommern und eisigen Wintern, in denen die tiefgefrorenen Leichen nicht verwesten.

Auf dem Weiterflug nach Norden erinnerte er sich daran, einmal geschworen zu haben, diese Gegend nie wieder zu betreten. Das musste im Oktober 1955 in Friedland gewesen sein, als er aus dem Heimkehrerzug gehumpelt war. Und doch saß er nun in einem Flugzeug nach Workuta. Unter ihm die endlosen Wälder, die immer spärlicher wurden, begleitet von Flüssen, die dem Meer zustrebten.

Der Dolmetscher, ein junger Mann, war in dem Jahr geboren, als Thormann Workuta für immer verlassen hatte. Er stand vorn in der Maschine, wo sonst die Stewardessen die Passagiere mit den Sicherheitsvorschriften vertraut machen, und erklärte das Reiseziel.

„Im August herrscht Tauwetter“, sagte er. „Nur tief in der Erde liegt noch Frost.“

Thormann kam das bekannt vor. Im August begannen die Baracken in dem aufgeweichten Boden zu versinken, die Gefangenen gingen wie in einem schwankenden Moor. Sie mussten die Fundamente der Hütten tiefer legen, in den ewigen Frost hinein, damit die Gebäude nicht in Schieflage gerieten. Ob die alten Lager noch standen? Damals bevölkerten deutsche Kriegsgefangene und Politische aus Russland zusammen mit normalen Kriminellen die kleine Stadt.

Der Dolmetscher erzählte von den gewaltigen Kohlevorkommen im Petschoragebiet und dem Erdgas, für das sie die Röhren liefern sollten.

„Workuta ist eine Großstadt", behauptete er. Thormann dachte an das Dorf mit der riesigen Sträflingskolonie. Wie viele Hoffnungen sind da erfroren? Und jetzt kommst du als Gast der sowjetischen Regierung, rauchst dicke Zigarren, isst Kaviar und trinkst schon am Vormittag Krimsekt. Aber im Kopf spuken noch die alten Zeiten, tief verschüttet zwar, aber du brauchst nur einen Namen zu hören, schon ist die Vergangenheit da. 1943 geriet er in Gefangenschaft. Im Sommer nach der großen Panzerschlacht bei Kursk. Als die Gefangenen im September am Eismeer ankamen, begann es zu schneien.

Anflug auf Workuta. Die Stadt war nicht wiederzuerkennen. Keine Spur von den Barackenlagern. Wo war der Archipel Gulag geblieben?

Vor zehn Jahren hatte er Solschenizyns Buch gelesen. Als er auf den Namen Workuta stieß, konnte er nicht weiterlesen. Er legte das Buch seinem Sohn auf den Nachtschrank.

„Bevor du über ‚Frieden um jeden Preis' und ‚Lieber rot als tot' diskutierst, solltest du Solschenizyn lesen", hatte er ihm gesagt.

Sein Sohn lachte ihn aus. „Das ist alles Propaganda!", rief er.

Als die Maschine zur Landung ansetzte, wunderte er sich, zwölf Jahre Workuta überlebt zu haben. Er müsste einen Aufruf in deutschen Zeitungen veröffentlichen, in dem alle, die damals in Workuta gewesen waren, zu einem Treffen eingeladen wurden. Ein Treffen der Überlebenden.

Es war fraglich, ob er die Stelle, an der seine Baracke gestanden hatte, finden würde. Workuta hatte sich ausgebreitet, war über die alten Lagerzäune hinausgewachsen, hatte die Baracken verschlungen und auf dem Gelände Wohnblocks errichtet. Da lebten sie nun im dritten, vierten oder fünften Stock, die jungen Familien mit Kindern, die auf das Eisvergnügen im Winter warteten und nicht ahnten, dass unter ihnen die Sanitärbaracke gelegen hatte, besser gesagt die Sterbebaracke.

Wenn er das alte Stadttheater fände, wüsste er den Weg zum Barackenlager. Ja, es gab ein Theater. Damals marschierten sie oft am Stadttheater vorbei, wenn an den Sommerabenden Musik erklang. Die Gefangenen hatten Tränen in den Augen, wenn sie auf dem Heimweg das Lied „Dorfschwalben aus Österreich“ hörten, gespielt von einem Laienorchester.

Eine ungewöhnliche Wärme empfing sie auf dem Flugplatz. Klare Luft stand über der Stadt, im Norden ein weiter Himmel, von keinem Horizont aufgehalten.

Thormann fragte den Dolmetscher, ob es möglich sei, einen Tag allein durch Workuta zu wandern.

Der schüttelte den Kopf. „Es ist alles fest geplant, für jede Stunde gibt es ein Programm. Vorgesehen ist eine Stadtrundfahrt, da könnt ihr alles kennenlernen, was euch interessiert.“

Er hätte gern auf dem Platz gestanden, an dem sie zum Appell antreten mussten. Auch den Friedhof hätte er gern gesehen, der keine Ähnlichkeit mit gewöhnlichen Friedhöfen besaß, eher einem Massengrab in gefrorener Erde glich. Sein Freund, der Panzergrenadier Bernd Schäfer, wurde hier begraben. Einen Tag Fieber, dann war er tot. Zur Baracke 9 wollte er gehen, gleich an der eisigen Nordwand, wo sein Totenbett gestanden hatte. Bernd Schäfer kam aus Oldenburg in Holstein, sollte dort einen großen Bauernhof erben, aber dann kamen die Panzergrenadiere dazwischen.

Vielleicht gibt es sie immer noch, die Sträflinge in Workuta. Unsichtbar in einem neuen Lager weit außerhalb der Stadt. Thormann stellte sich vor, wie in den 1950er oder 60er Jahren, als die Russen sich der Gulag-Vergangenheit zu schämen begannen, riesige Bulldozer vorfuhren, um das elende alte Lager zusammenzuschieben. Einer schüttete einen Kanister Benzin auf den Haufen und warf ein Streichholz hinein. Sie sind alle verbrannt, die Ratten und Läuse, die Wanzen und Kakerlaken, auch die beschmierten Wände, die durchgelegenen Strohsäcke und die stinkenden Latrinen. Tagelang stand eine Rauchsäule über der Tundra. Das Feuer taute den Erdboden auf, bis zu der Stelle, an der die Erdwärme ein Frieren nicht mehr zuließ. Was sich nicht verbrennen ließ, waren die Erinnerungen, die an dem unwirtlichen Ort hingen.

Sie besichtigten die im Bau befindliche Trasse der Erdgaspipeline. Die Gastgeber wollten zeigen, wie zügig die Arbeiten voranschritten. Man sei dem Plan sogar voraus, hieß es beim Besteigen des Hubschraubers, der die Gruppe über das einsame Land bringen sollte.

Im Hubschrauber war es, dass Thormann an den kleinen Schmidtke denken musste. Der kam aus der Kölner Gegend. Schmidtke, du armes Schwein. Im Oktober 55 stand deine Mutter am Grenzbahnhof

Friedland und konnte ihren Jungen nicht finden. Sie hielt ein vergrößertes Bild in der Hand, hielt es jedem Heimkehrer entgegen. Thormann hatte ihn auf dem Bild sofort erkannt, war aber schweigend vorbeigegangen, weil er es nicht übers Herz brachte, der alten Frau die Wahrheit zu sagen. Später, als er sie allein vor dem leerem Zug stehen sah, war er umgekehrt, hatte ihre Hand ergriffen und gesagt:

„Ihr Junge ist nicht mitgekommen. Er hatte irgendwas ausgefressen, deshalb haben sie ihn dabehalten. Aber er wird kommen. Wir sind nicht die Letzten."

Schmidtke, du armes Schwein, du bist auch später nicht gekommen. Vielleicht sitzt er noch in Workuta und baut mit an der verdammten Erdgaspipeline, die Wärme aus Sibirien nach Europa bringen soll. So lange hält das kein Mensch in Workuta aus. Der war damals, als die letzten Gefangenen nach Deutschland zurückgeschickt wurden, über dreißig Jahre alt. Nein, er wird nicht mehr kommen. Niemand hat gesagt, warum Schmidtke nicht nach Deutschland fahren durfte.

An der Baustelle hielt der Dolmetscher eine Rede über die Schwierigkeiten der Trassenführung und die Probleme mit dem gefrorenen Boden. Als er fertig war, nahm Thomann ihn beiseite und fragte, ob an der Pipeline auch Sträflinge arbeiteten, womöglich noch deutsche Kriegsgefangene.

Der junge Mann blickte ihn entgeistert an. Dann lachte er.

„Sie meinen die Verleumdungen, die im Westen über uns verbreitet werden. Nein, das haben wir nicht nötig. Unsere Arbeiter an der Pipeline werden so gut bezahlt, dass es einen Andrang gibt, hier zu arbeiten."

Sie gingen ein Stück Strecke ab und sahen den Maschinen bei der Arbeit zu. Thormann achtete weniger auf die technischen Einzelheiten, die der junge Mann erläuterte, er betrachtete nur die Gesichter der Arbeitenden. Es kam ihm vor, als seien das immer noch die gleichen Gesichter, die ihm damals im Lager begegnet waren. Als hätten die Kinder jener Gefangenen nun das Erbteil ihrer Väter übernommen.

Plötzlich kam einer auf Thormann zu und fragte: „Kommst du aus Köln?"

„Nein, aus Düsseldorf."

„Grüße den Vater Rhein von mir."

Der Mann lachte, drehte sich um und ging zurück zu seiner Maschine.

Mein Gott, das war Schmidtke! Der einzige Gefangene, den sie damals in der Baracke in Workuta zurücklassen mussten. Schmidtke, der ewige Gefangene, der jung und frisch geblieben war in dem lausig kalten Workuta.

Am Abend gab es einen Empfang im Stadttheater, das sie damals nur im Vorbeimarschieren gesehen und in dem die Dorfschwalben aus Österreich ihnen die Tränen in die Augen getrieben hatten. Hervorragendes Essen und Trinken, Reden über gute Zusammenarbeit im Interesse beider Völker. Freundschaft! Freundschaft! Da hörte Thormann, wie der kleine Mann an der Pipeline sagte: „Grüße den Vater Rhein von mir."

Danach musste Thormann hinaus und sich übergeben. Einer von der Begleitung kam und fragte, ob er einen Arzt brauche. Nein, nein, es lag nur an dem üppigen Essen und dem scharfen Wodka.

Der Mann aus Missouri

Er kam vom Hauptbahnhof und bog in die Straße ein, die einmal den Namen „Wilhelm Pieck“ getragen hatte. Auffallend sein Hut, eine jener breitkrempigen Kopfbedeckungen aus Westernfilmen, braun wie Wüstensand. Gelegentlich nahm er ihn ab, um sich Kühlung zuzufächeln. Die linke Hand trug eine Tasche, die rechte hielt einen Krückstock, das Haar leuchtete weiß. Es war ein alter Mann.

Ist das Magdeburg? fragte er mich in einem Akzent, wie er in der englischen Welt gesprochen wurde.

Ja, Magdeburg.

Er fragte nach dem Fluss, dessen Name ihm entfallen war. Ach, es gibt so viele Flüsse auf der Welt, man kann nicht alle Namen im Kopf behalten, sagte er und lachte.

Wir gingen hinunter zur Altstadt.

In Amerika gibt es kein Magdeburg, sagte er. Viele europäische Städtenamen kommen bei uns vor, aber nicht Magdeburg.

Vor alten Stadthäusern blieb er stehen, taxierte die Fassaden, klopfte mit der Krücke gegen den Stein. Gute Arbeit, sagte er.

So kamen wir zu dem Fluss.

Wie viele Meilen fließt er bis zum Meer? fragte er. Sind hier Auswandererschiffe abgefahren?

Von einem Auswandererkai in Magdeburg hatte ich nie gehört. Wenn es Auswanderer gegeben hat, sind die mit einem Flussdampfer die Elbe abwärts gefahren und in Hamburg auf ein Schiff gestiegen, das sie in die neue Welt brachte.

Das ist lange her, sagte er und schüttelte den Kopf.

Er fragte nach dem Alter des Domes und ob das Gotteshaus von einem Feuerunglück heimgesucht worden sei.

Als der Dom gebaut wurde, war Amerika noch nicht entdeckt, antwortete ich. Von einem Feuerschaden wusste ich nichts.

Die Kühle im Inneren tat gut. Er nahm den Hut ab, setzte sich in eine Bank, öffnete das Täschchen und schob mir einen Zettel hin mit der Adresse: Stan Miller, Huntsville.

Warum Magdeburg? fragte ich.

Weil meine Vorfahren hier gelebt haben, bevor sie nach Amerika gingen.

Er erklärte seine Familiengeschichte. Der Großvater hieß Balthasar Müller und wanderte von Magdeburg nach Amerika aus zu einer Zeit, als in Deutschland der Kaiser regierte. Weil mit dem Buchstaben Ü in Amerika niemand etwas anfangen konnte, gab der

Großvater ihn auf und nannte sich Mueller. Im Jahre 1917 ließ er den Namen umschreiben in Miller. Das geschah im Ersten Weltkrieg, als die Zeitungen von französischen Kindern berichteten, denen deutsche Soldaten die Ohren abgeschnitten und die Zungen an die Tischplatte genagelt hatten. Mein Großvater hielt das für eine Lüge, musste sich aber der Lüge beugen. Die Familie hörte auf, Deutsch zu sprechen, eine Sprache, die Großvater lesen und schreiben und mein Vater noch sprechen konnte. Als ich 1920 geboren wurde, kam Deutsch in unserer Familie nicht mehr vor.

Ich war auch in Amerika, sagte ich. Nach der Wende 1990 ging ich rüber und fuhr einmal die kalifornische Küstenstraße rauf und runter.

Kalifornien ist nicht Amerika, sagte Stan Miller. Du musst nach Missouri kommen, da liegt das amerikanische Herz begraben.

Auf einen Zettel malte er die beiden großen Ströme Amerikas. Dazwischen zeichnete er sein Huntsville auf das Papier.

Wenn ich von meinem Haus fünfzig Meilen nach Süden fahre, bin ich am Missouri, fünfzig Meilen nordwärts fließt der Mississippi.

Wir wanderten zum Schiffsanleger und suchten die Stelle, an der Balthasar Müller vor hundert Jahren die Reise nach Amerika angetreten haben mochte.

Er hatte eine große Familie, erzählte Stan Miller. Nicht alle gingen nach Amerika, die meisten blieben in Magdeburg. Als ich vor drei Jahren Witwer wurde, bekam ich Zeit, an meine Kindheit zu denken und an das Land, aus dem die Großeltern gekommen waren. Es gab aber niemand, der meine Fragen beantworten konnte. Mein Vater war in der großen Depression gestorben und hatte alle Antworten mitgenommen.

Er machte eine Pause und kratzte seinen Schädel.

Es half nichts, ich musste den Ort besuchen, aus dem unsere Familie gekommen war, um nachzuschauen, ob da noch Müllers oder Muellers oder Millers leben. Als ich mich bei den Ämtern erkundigte, sagten sie mir: Dieses Magdeburg liegt auf der kommunistischen Seite. Da hast du nichts zu suchen.

Aber dann fielen die Grenzen. In einer amerikanischen Zeitung las ich diese Anzeige:

Für alle, die nicht wissen, woher sie kommen!

Ein New Yorker Versandhaus bot gegen Vorkasse die Kopien der Passagierlisten aller europäischen Auswandererschiffe für die Jahre 1850 bis 1914 an. Ich ließ mir die Listen von Hamburg und Bremen kommen, weil ich dachte, ein Magdeburger könne nur über diese Häfen nach Amerika ausgewandert sein. Und richtig, unter polnischen, russischen und deutschen Namen fand ich Balthasar Müller.

Ist dies der erste Besuch in Magdeburg? fragte ich ihn.

Er schüttelte den Kopf.

Als Fünfundzwanzigjähriger war ich schon einmal hier.

Ich rechnete hin und her und kam auf das Ende des Zweiten Weltkrieges.

Er blieb stehen und schaute hinauf zum Dom.

Weißt du, was hier im Januar 45 geschehen ist? fragte er plötzlich.

Ich kam 1950 auf die Welt. 1945 muss eine düstere Zeit gewesen sein, über die die Magdeburger nicht gern sprechen. Es soll zwei- bis dreitausend Tote gegeben haben.

Zwei- bis dreitausend, murmelte er. Zu viel für eine Bombennacht, sagte er. Wenn ich gewusst hätte, dass wir Magdeburg anfliegen, wäre ich nicht in die Maschine gestiegen. Von Kent aus flogen wir ostwärts in die Dunkelheit. Irgendwann kam der Befehl, die Bombenschächte zu öffnen. Nachdem wir die Bomben auf die Stadt geworfen hatten, kehrten wir um, sahen nur noch die Feuer und waren froh, heil in Kent zu landen. Erst am nächsten Tag erfuhr ich, dass wir die Stadt meines Großvaters bombardiert hatten.

Stan Miller wollte zum Friedhof.

Es gibt mehrere Friedhöfe, sagte ich.

Er suchte den, auf dem die Müllers begraben lagen, die in jener Nacht ums Leben kamen.

Wir entschieden uns für den Westfriedhof. Dort angekommen, nahm er den Hut vom Kopf, setzte sich auf den erstbesten Stein und murmelte Unverständliches.

Wir fanden mehrere Grabsteine, in die der Name Müller eingraviert war. Zwei hatten als Todesdatum den 16. Januar 1945, darunter ein zwölfjähriges Mädchen Erika Müller.

Es könnte meine Cousine sein, sagte der Mann aus Missouri.

Nach diesem Ausflug in die traurige Vergangenheit kehrten wir zurück in die Stadt, gingen in ein Café und tranken einen doppelten Whiskey.

Schlimme Zeiten, damals, sagte ich.

Wenn du mal nach Amerika kommst, musst du das Herz besuchen, erklärte Stan Miller. In Missouri ist die Welt noch in Ordnung.

Die ermländische Maria

Es ist bald fünfzig Jahre her, und keiner weiß mehr, wie die Maria ins Münsterland gekommen ist, damals mit den vielen. Katholisch war sie ja, wenigstens das. Sie kam aus dem Ermland, das auch keiner mehr kennt, und das war katholisch. Außer ihrem Glauben brachte sie nichts mit. Ein Tuch um den Kopf gewickelt, eine Decke unter dem Arm, Holzschuhe an den Füßen, so hielt sie Einzug in Westerfede. Verwandtschaft besaß sie keine. Vater und Mutter hatte sie im Ermland begraben, ein Bruder war im Krieg geblieben. Kann sein, dass sie Läuse mitbrachte und dreckige Füße wie die vielen, die damals aus dem Osten kamen.

In die Schule musste sie nicht mehr. Sie hatte schon im Ermland genug gelernt und konnte gleich mit der Arbeit beginnen. Arbeiten lag ihr, der Maria. Barfuß lief sie über den Hof, schüttete den Schweinen die Tröge voll und tränkte die Kälber. Im Apfelgarten hängte sie die Wäsche, sorgte sich ums Feuer im Ofen, war morgens die Erste in der Küche und abends die Letzte.

Ihre Sprache klang sonderbar. Nur das Vaterunser konnte jeder verstehen. Beim Singen in der Kirche fiel ihre Fremdheit nicht sonderlich auf, aber wenn sie die Hühner rief, klang es ausländisch. Dieses Ermland soll ja dicht an Polen liegen. So sprach sie auch.

Sie war fünfzehn, als sie nach Westerfede kam und auf Havensteins Hof mit der Arbeit anfing. Die Brüder Havenstein, die den Krieg über mit französischen Gefangenen und einem Mädchen aus der Ukraine gewirtschaftet hatten, nahmen sie als Magd für Küche, Haus und Garten, auch zum Melken. Im Dorf redeten sie davon, dass einer der beiden Brüder die Maria wohl heiraten werde, wenn sie sechzehn Jahre alt ist, denn vor sechzehn ging Heiraten nicht nach Recht und Gesetz. Aber die Havensteins wollten sich, nachdem sie die längste Zeit ihres Lebens ledig gewesen waren, im Alter nicht mehr auf so ein Abenteuer wie Heiraten einlassen. Auch wussten sie nicht, wer von ihnen die Maria heiraten sollte, denn einer ging nur nach Recht und Gesetz. Mit ihrer Arbeit waren sie sehr zufrieden. Wenn es nach den Brüdern gegangen wäre, hätte die Maria bis ans Lebensende auf Havensteins Hof bleiben können.

Zu Martini kam Hans Tönnies aus Gefangenschaft, Sohn des größten Bauern in Westerfede. Als er sich ausgeschlafen hatte von vier Jahren Gefangenschaft, ging er sonntags in die Kirche, um Gott zu danken, und kam, wie der Zufall es will, auf einer Bank zu sitzen gleich hinter der ermländischen Maria. Jahre später sagte der Pfarrer, dass es wohl nicht der Zufall, sondern Gottes Fingerzeig gewesen sei, der Hans Tönnies auf gerade diese Kirchenbank gebracht hatte. Während der Pfarrer segnete, die Gemeinde betete und der Chor die Himmel rühmen ließ, verliebte sich Hans Tönnies in die Maria, und das schon eine Woche nach seiner Heimkehr aus Kriegsgefangenschaft.

Er besuchte nun öfter Havensteins Hof, um die landwirtschaftlichen Dinge zu besprechen, warf nebenbei ein Auge auf das Mädchen und ihre Arbeit, fragte die Brüder nach der Küche und der Reinlichkeit. Als die Maria das sechzehnte Jahr vollendet hatte, kurz nach Lichtmess, sprach er sie auf halbem Wege zwischen Waschküche und Kuhstall an. Sie wurde rot wie ein Dachziegel, und die Brüder Havenstein wunderten sich, dass die Kartoffelsuppe an jenem Tage salzig schmeckte.

Das wird nichts, entschied der alte Tönnies. Sie mag ein tüchtiger Mensch sein, aber sie ist arm wie eine Kirchenmaus und bringt nicht mal einen Satz Bettwäsche in die Ehe, von Kochtöpfen und Silberbesteck ganz zu schweigen. Außerdem spricht sie kein richtiges Deutsch. Die kommt aus der polnischen Gegend, am Ende ist sie gar keine Deutsche. Katholisch ist sie ja, na gut, aber katholisch allein reicht nicht. Auch weiß keiner, ob das Mädchen gesund ist. Was diese Leute auf der Flucht mitgemacht haben, davon ist bestimmt was hängen geblieben. Vielleicht hat sie die Schwindsucht. Jedenfalls gibt es, seitdem die Maria hier ist, Läuse in Westerfede. Die Brüder Havenstein mussten die Apotheke leer kaufen, um das Mädchen sauber zu kriegen. Deshalb, lieber Sohn, sieh dir die Schönen des Münsterlandes an, aber verschon uns mit einer polnischen Schwiegertochter.

So stand es um die Liebe in Westerfede zu jener Zeit, als die aus dem Osten kamen. Das liegt ein Menschenleben zurück, und keiner weiß mehr davon.

An den Sonntagen saßen die beiden nun nicht mehr hintereinander, sondern nebeneinander in der Kirchenbank. Palmarum gingen sie nach dem Gottesdienst zum Pfarrer, um ihm vorzutragen, wie es um sie stand.

„Liebt ihr euch wirklich?“, fragte der fromme Mann.

„Ja“, antworteten die beiden.

„Dann haltet zusammen und heiratet.“

Es wurde ja man eine billige Hochzeit. Die Braut lieh sich Kleid und Schuhe in der Stadt, sie trug keine Strümpfe. Da sie keine Verwandtschaft hatte, konnte sie auch keinen einladen, eben nur die Brüder Havenstein, die in Gehrock und Zylinder kamen. Die Brüder sorgten auch für gutes Essen. Der alte Tönnies verbrannte die Einladung und fuhr am Hochzeitstag mit Pferd und Wagen nach Tecklenburg auf den Ochsenmarkt. Von Diepholz kam einer per Fahrrad, von dem Hans Tönnies behauptete, er hätte mit ihm im Kessel von Demjansk in zwei Meter hohen Schneewehen gelegen. Der Pfarrer segnete sie, Maria weinte, die Glocken läuteten. Das war schon alles, nachmittags um halb vier.

Weil Hans Tönnies nicht mehr auf den väterlichen Hof zurückkonnte, nahm er eine Stelle an als Vertreter für landwirtschaftliche Düngemittel. Da reiste er viel durch die Gegend und verdiente gutes Geld. Die junge Frau wirtschaftete weiter auf Havensteins Hof, in ihre Kammer zog nun auch der herumreisende Ehemann ein.

Bald kam Post vom Gericht. Das Grundbuchamt schrieb an Hans Tönnies, sein Vater habe den größten Bauernhof von Westerfede einem entfernten Verwandten bei Warendorf übergeben gegen gutes Altenteil und Leibrente. Für den leiblichen Sohn bleibe nichts übrig, weil der das vierte Gebot missachtet habe.

Zu dieser Zeit griff wieder einer von oben ein wie damals auf der Kirchenbank. Die Brüder Havenstein dachten, die Maria könnte ihnen verloren gehen, wenn sie als Düngemittelvertretersfrau mit ihrem Mann das schöne Münsterland bereiste. Deshalb übertrugen sie ihr den Hof für das Versprechen, bei ihnen zu bleiben und sie in kranken und schwachen

Tagen zu pflegen bis an ihr Lebensende. Da sie keine Nachkommen besaßen, den Namen Havenstein aber in Ehren halten wollten, äußerten sie auch den Wunsch, die Maria möge ihren Namen annehmen, Hans Tönnies natürlich auch, denn damals ging es noch nicht, dass Eheleute verschiedene Namen trugen. Hans Tönnies hörte auf, mit Kunstdünger herumzureisen, ließ sich umschreiben in Havenstein und wurde Bauer auf dem Hof seiner Frau. Kinder bekamen die beiden auch, und zwar reichlich. Und immer, wenn sie eines zur Taufe brachten, erinnerte der Pfarrer sie an Gottes Fingerzeig auf der Kirchenbank. Der Name Tönnies ist danach in Westerfede ausgestorben, aber Havensteins gibt es noch mehr als ein halbes Dutzend.

Letzter Zug nach Ammersby

Da war noch etwas gutzumachen, eine Kleinigkeit wiederherzustellen, die der Lauf der Weltgeschichte verrückt hatte. Der Mutter einen Gefallen tun, bevor sie stirbt. Zum 75. Geburtstag oder zum nächsten Weihnachtsfest. Fritz Broschek erinnerte sich nur, wie sie abends immer das Besteck zählte. Bei Kerzenlicht, meistens gab es Stromsperre, glitten ihr die Messer, Gabeln und Teelöffel durch die Hand, manchmal klirrte es leise. Sie dachte wohl, er schliefe, doch lag er nur unbeweglich auf dem Strohsack. Die Zudecke über den Kopf gezogen, blickte er durch einen schmalen Spalt zum Kerzenlicht und wunderte sich, dass sie weinte. Warum muss ein Mensch weinen, wenn er Löffel und Gabeln zählt? Er hatte es damals nicht begriffen, aber es war etwas zurückgeblieben. Ein halbes Menschenleben später beschäftigte ihn noch der Gedanke, dass da ein paar unverständliche Tränen zu trocknen seien.

Im Frühling fuhr Fritz Broschek hinauf in jene Gegend, die die Ortsnamen mit by enden lässt, wo Deutschland anfängt, sich dänisch zu verfärben. Mutter hatte Angeln für einen Glücksfall gehalten. Sie kamen damals in einen der letzten Winkel Deutschlands mit gefüllten Speisekammern. „Ach, und so nahe der dänischen Butter. Glück im Unglück", sagte Mutter, als der Zug in Schleswig endgültig hielt. Glück im Unglück auch, dass die Eisenbahn bei Stettin über die noch unversehrte Oderbrücke gerollt war. Glück im Unglück, dass Mutter als Kriegerwitwe mit zwei kleinen Kindern bevorzugt in jenen Personenzug gesetzt worden war, der als letzter fahrplanmäßig die Stadt Danzig verließ und tatsächlich fahrplanmäßig ankam.

Von Schleswig wanderten sie zu Fuß nach Angeln, in den beginnenden Frühling hinein. Mutter einen Rucksack auf der Schulter, an jeder Hand ein Kind. Fritz trug den Schultornister, der entsetzlich schwer war, nicht von Schreibheften und Lesebüchern, sondern von den Wertsachen der Familie Broschek. In unsicheren Zeiten sollte man Wertvolles den Kindern anvertrauen, es in die Windeln stecken oder in den Kinderwagen. Fritz Broschek sah damals aus wie ein Achtjähriger auf dem Schulweg, in Wahrheit schleppte er das wertvolle Silber im Schulranzen von Danzig nach Ammersby in Angeln.

Fast vierzig Jahre später fuhr er zurück in das Dorf mit der dänischen Endung, das sie 1950 verlassen hatten. Im Rübenwagen hatte sie der Bauer – wie hieß er noch? – zur nächsten Bahnstation gefahren, jetzt kehrte Fritz Broschek im grauen Mercedes wieder. Es war Frühling wie 1945, als sie ankamen. Die hohen Pappeln, die die Straße nach Ammersby säumten, neigten sich noch stärker nach Osten als damals, in den Knicks blühte wie damals der wilde Flieder.

Mutter wollte nicht mehr nach Ammersby. Oft waren sie auf ihren Urlaubsreisen nach Dänemark oder Sylt an Angeln vorbeigefahren, aber für einen Abstecher nach Ammersby hatte es nie gereicht. Mutter mochte den Namen nicht mehr hören. Erwähnte ihn jemand, blickte sie abwesend aus dem Fenster. Ja, über Danzig, da sprach sie stundenlang; nach Danzig wollte sie noch einmal reisen im schönen Sommer bei gutem Wetter und bester Gesundheit. Aber nie mehr Ammersby.

Vor dem Dorf pflanzten sie gerade die gute gelbe Grata in jene Erde, die er als Kind kartoffelsammelnd auf Knien abgerutscht hatte. Ammersby war mächtig in die Breite gewachsen.

Am Dorfeingang traf er auf eine Neubausiedlung für jene, die nicht wie die Broscheks nach Westdeutschland gezogen waren. Eine Mittelpunktschule mit großem Sportplatz. Mehrere Bauernhäuser hatten ihr graues Reetdach mit leuchtendem Ziegelrot vertauscht. Die Dorfstraße asphaltiert, ein Schwimmbad in Arbeit, ein Supermarkt schon eröffnet. Unverändert nur die Kirche mit ihrem Grünspandach mitten im Dorf.

Broschek parkte vor der Gastwirtschaft, die immer noch „Dänischkrug“ hieß und Flensburger Bier ausschenkte. Noch immer wusste er nicht den Namen des Bauern, doch als er am Tresen stand, sein Bier trank, die alten Balken, Kränze, Schleifen und Fotografien wiedererkannte, fiel ihm der Name ein: Kröger.

„Der Krögerhof heißt jetzt Petersen", sagte der Gastwirt. „Das ist so, weil die Krögertochter einen gewissen Petersen aus Kappeln geheiratet hat. Was aber der alte Kröger ist, der lebt noch sein Altenteil. Der fährt manchen Tag noch mit dem Trecker in der Feldmark spazieren."

Broschek ließ sich den Weg zum Krögerhof zeigen, denn er kannte ihn nicht mehr. Zu viel hatte sich verändert. Die Bäume waren längst über alle Dächer hinausgewachsen und warfen Schatten in die doppelverglasten Fenster. Früher hatte es eine Scheune gegeben, nun stand da eine Reithalle. Holunderbüsche statt der Wagenremise, die den Broscheks viereinhalb Jahre als menschliche Behausung gedient hatte. Drei Autos auf dem Hofplatz und ein roter Trecker. In einer Hofecke mit viel Sand lag Kinderspielzeug herum.

Ja, das war der Krögerhof. Im Garten sah er einen alten Mann. Wie er sich bewegte, wie er das blanke Eisen in die Erde stieß und umgrub, wie er die Mütze in den Nacken schob und wieder nach vorn drückte, wie er sich den Kopf kratzte und ausspuckte, das alles kam ihm vertraut vor.

Das Gesicht immer noch rot, die Nase eine Kartoffelknolle mit tiefen Poren.

Der alte Kröger würde ihn nicht mehr erkennen. Broschek war damals ein Schuljunge gewesen, kleines Fritzchen riefen sie ihn auf dem Krögerhof, weil die Sache mit dem großen Fritzen schon anderweitig vergeben war, auch kaum Aussicht bestand, dass aus Fritz Broschek etwas Großes werden könnte. Kröger hatte ihn niemals richtig wahrgenommen.

„Ach, die aus der Wagenremise", pflegte er zu sagen. „Das sind unsere Flüchtlinge aus Danzig."

Der alte Mann rammte den Spaten ins Wurzelbeet, wischte die Hände an der Manchesterhose ab und trat an den Gartenzaun.

„Na, was spionieren Sie hier rum, junger Mann?", rief er.

„Ich schau mir ein bisschen die Gegend an, weil ich Land kaufen möchte."

„Kommen Sie aus Hamburg, junger Mann?"

„Nein, aus dem Rheinland."

„Donnerwetter!", wunderte sich Kröger. „Nun reisen die Leute schon vom schönen Rhein zu uns nach Angeln, um Land zu kaufen. Wie sind Sie denn auf Ammersby gekommen?"

„Einfach durchgefahren und angehalten. Ist doch 'ne schöne Gegend und gar nicht weit von der Ostsee."

„Ja, so ist das", meinte Kröger. „In letzter Zeit kommen manchmal reiche Leute, um Land zu kaufen. Die wollen einen Reiterhof einrichten oder eine Jagd pachten. Sie sind nicht zufällig Immobilienmakler, der mit Land handelt?"

Broschek schüttelte den Kopf und sagte, dass er Rechtsanwalt sei.

„Sieh mal an, ein Advokat! Darauf wär ich nicht gekommen. So sehen Sie gar nicht aus, junger Mann."

Wie vertraut doch der Tonfall. Broschek fielen Sätze ein, die vor mehr als drei Jahrzehnten gesprochen worden waren, aber immer noch nachhallten, denn alles Gesprochene kehrt wieder, zieht um die Erde und bleibt hörbar für den, der Ohren hat, nichts geht verloren …

Also, so geht das nicht, Frau Broschek! Unsere Wäscheleine ist unsere Wäscheleine. Da dürfen Sie Ihren Plunder nicht aufhängen … Was ich noch sagen wollte, Frau Broschek, wenn ich nun im Winter Knickholz auf den Hof fahre, möcht ich doch drum bitten, mir das Zeug nicht über Nacht zu klauen und in Ihrem Kanonenofen zu verfeuern.

Der alte Kröger musterte den Besucher mit seinen listigen kleinen Augen.

„Nee", sagte er, „ich hab kein Land mehr. Der Hof gehört jetzt den Kindern, und die kaufen eher zu, als dass sie was abgeben. Aber ich kenn mich aus in der

Gegend und weiß, welche Bauern verkaufen wollen oder verkaufen müssen. Ich kann mich ein bisschen umhören und für Sie makeln, wenn Sie wollen. Das kostet längst nicht so viel wie beim richtigen Makler."

Geschäftstüchtig war er noch immer, der alte Kröger. Mehr Händler als Bauer. Damals handelte er nebenbei mit Pferden und Ochsen. Als es mit den Tieren zu Ende ging, handelte er mit Melkmaschinen. Und Bauplätze hat er damals auch an die Flüchtlinge verkauft und damit viel Geld verdient.

Sie gingen ins Haus.

„Grete, bring mal Kaffee!", schrie der Alte in die Küche. „Wir beide haben was zu verhandeln."

Noch das alte Mobiliar. Schränke und Truhen aus dem vorigen Jahrhundert, dunkelbraun und düster. Der mächtige Kachelofen stand noch, aber nur zur Zierde, wie der alte Kröger betonte, in der guten Stube. An der Wand, mehr Rahmen als Bild, die Beschießung Kopenhagens in napoleonischer Zeit. Für Fritz Broschek hatte die gute Stube im Krögerhof mit dem knarrenden Holz und der vorherrschenden Düsternis immer etwas Unheimliches an sich gehabt. Im Winter 49/50 hatte er diesen Raum zum letzten Mal betreten. Da lag Krögers Mutter aufgebahrt in der guten Stube. Die Trauernden gingen vorbei und verabschiedeten sich von ihr, auch die Flüchtlinge aus der Wagenremise. Sich fest an Mutters Hand klammernd, hatte er den ersten toten Menschen gesehen. Heute bewunderte er die hölzernen Kostbarkeiten, die Bilder und Schränke, die eigentlich in Sicherheit gebracht werden müssten, weil Bauernhöfe, so heißt es in den Dörfern, im guten Durchschnitt alle fünfzig Jahre einmal abbrennen.

Grete Kröger, verheiratete Petersen, brachte den Kaffee. Mit der war er in die Dorfschule Ammersby gegangen, jeden Morgen und Mittag den gleichen Weg. Er hatte mit ihr in der Scheune und auf dem Hofplatz gespielt, nur ins Haus durfte Grete die Flüchtlingskinder nicht bringen, weil das doch nur Dreck gab.

Sie grüßte flüchtig, schenkte ein, fragte nach Zucker und Sahne, nahm keine Notiz von dem Besucher, schien sich seiner nicht zu erinnern.

Als die Frau gegangen war, nahm Broschek den silbernen Kaffeelöffel, den sie neben die Untertasse gelegt hatte. Er wollte umrühren, stockte aber, betrachtete das zierliche Silberstück, das ihm bekannt vorkam. Einen Löffel wie diesen hatte er schon einmal in der Hand gehabt.

Auf der Rückseite ein Wappen. Zwei Kreuze unter einer Krone.

In diesem Augenblick fiel der Löffel in die heiße Flüssigkeit. Es gab eine kleine Fontäne, und brauner Kaffee schwappte auf die Untertasse, ein Spritzer erreichte das Tischtuch.

Der alte Kröger lachte. „Bisschen heiß, was?“ Broschek zwang sich zur Ruhe. Er nahm den Silberlöffel zwischen Daumen und Zeigefinger der linken Hand, rührte in der braunen Kaffeebrühe, trank nicht, rührte nur und rührte.

„Das kaufe ich übrigens auch“, sagte Broschek nach einer Weile und hielt den Löffel hoch.

„Der ist doch man bloß zum Umrühren“, meinte der alte Mann und lachte.

„Haben Sie noch mehr davon?“, fragte Broschek.

„Da muss ein ganzes Besteck sein, zwölf Messer, zwölf Löffel, zwölf Gabeln und zwölf von den kleinen zum Umrühren.“

Die Frau brachte eine Schale mit Keksen.

„Sag mal, Grete, woher haben wir diesen Silberkrams?“

„In der schlechten Zeit auf dem Schwarzmarkt gekauft“, antwortete sie.

Broschek tippte auf das Wappen auf der Rückseite des Löffels.

„Was mag das sein?“, fragte er.

„Sieht meist aus wie dänisch“, meinte der alte Kröger.

„Das ist das Stadtwappen von Danzig“, erklärte die Frau.

Sie erinnerte sich jetzt genau. Das Silberbesteck hätten die Flüchtlinge aus der Wagenremise mitgebracht.

Broschek trank nicht. Als sie ihm Kekse anboten, schüttelte er den Kopf, ohne danke zu sagen. Er starrte auf den zierlichen Silberlöffel mit dem Danziger Wappen.

„Hol mal den ganzen Klöterkram rein, Grete", sagte der alte Kröger. „Der Herr aus dem Rheinland interessiert sich dafür."

Sie holte den Besteckkasten. Als sie den Deckel öffnete, schloss Broschek die Augen ... Schnell aufstehen und anziehen, Kinder! Im Zug könnt ihr weiterschlafen. Hört ihr nicht, wie es donnert? Das ist der Krieg, Kinder. Wo ist dein Schultornister, Fritzchen? Die Mutter hatte Lesebuch, Schreibhefte und Malkasten auf den Tisch geschüttet und ihm den leeren Tornister auf die Schulter geschnallt. Dann war sie zum Vertiko gegangen, hatte die Besteckschublade herausgezogen und den Inhalt in den Schultornister geworfen. Es klirrte schrecklich, und es wurde immer schwerer. Nur bis zum Bahnhof, Fritzchen. Nachher fahren wir schön mit der Eisenbahn. Draußen dunkle Nacht, und doch der Himmel im Süden und Osten der Stadt hell. Das ist der Krieg, sagte Mutter und nahm beide Kinder an die Hand. Wir dürfen uns jetzt nicht loslassen, sagte sie. Nur bis zum Bahnhof, Fritzchen, dann trägt die liebe, gute, alte Eisenbahn den schweren Tornister ...

„Ist das Silber verkäuflich?", fragte Broschek, nachdem er endlich einen Schluck Kaffee getrunken hatte:

„Was wollen Sie denn ausgeben, junger Mann?“, erkundigte sich der alte Kröger.

Broschek zögerte, sagte schließlich tausend Mark, fügte nach einer Pause hinzu, dass das Besteck für diesen Preis natürlich vollständig sein müsse.

„Leider hat unser Christian einen Kaffeelöffel verbummelt“, erklärte die Frau.

„Dieser Bengel!“, schimpfte Kröger und war doch stolz auf seinen Enkel. „Kaum konnte er laufen, holte er einen Teelöffel aus der Schublade und buddelte in der Sandkiste rum. Seitdem fehlt ein Löffel.“

Wegen des verbummelten Kaffeelöffels ermäßigte Broschek sein Angebot um zweihundertfünfzig Mark. Dabei wusste er um den wahren Wert des Bestecks. Das reine Silber käme schon über tausend Mark, das Danziger Wappen mit den alten Verzierungen gar nicht gerechnet, von den inneren Werten, die die Messer und Gabeln für ihn und seine Mutter hatten, einmal ganz zu schweigen. Er hielt es für einen Akt ausgleichender Gerechtigkeit, dem alten Kröger das Silber so billig wie möglich abzukaufen. Nur so käme wieder in Ordnung, was damals durcheinandergeraten war. Diese düsteren Stromsperrenabende! Schlaft nur, Kinder, schlaft, es gibt ja doch kein Licht. Wenn Mutter glaubte, sie schliefen, holte sie den Kopfkissenbezug aus dem Schrank, in dem sie das Danziger Silber aufbewahrte. Sie griff wahllos hinein, hielt das Stück, das sie gepackt hatte, prüfend gegen das Kerzenlicht, huschte, es unter der Schürze versteckend, leise hinaus. Um kein Geräusch zu verursachen, ließ sie die Tür angelehnt. Mutter ging über den matschigen Hof. Wir hörten ihre Schritte. Der Hund schlug an. Mutter redete beruhigend auf ihn ein. Dann Stimmen im Bauernhaus. Eine Tür fiel ins Schloss.

Nach einer Viertelstunde kam sie wieder, zog behutsam die Tür hinter sich zu, setzte sich an den Tisch, auf dem die Kerze heftig flackerte. Mit der Schürze wischte sie die Augen aus, um sich danach ganz dem Mitgebrachten zu widmen. Meistens war es ein Stück Speck, dessen rauchiger Duft den Raum erfüllte. Manchmal waren es Eier, schöne große, weiße Eier, die in der Stromsperrendunkelheit leuchteten.

Über ihre demütigenden Spaziergänge von der Wagenremise ins Bauernhaus hat sie nie gesprochen. Zum Frühstück war es eben da, ein Ei für jeden, als wäre über Nacht eine gute Fee an der Wagenremise vorübergegangen.

Erst Jahre danach, Fritz Broschek studierte noch in Bonn, fing Mutter an, davon zu erzählen. Jemand sprach davon, dass er seine Eier von einem Bauernhof im Westfälischen beziehe, der freilaufende Hühner halte. Da sagte Mutter, sie habe in der schlechten Zeit die Eier auch direkt vom Bauern geholt. Im Flur habe sie warten müssen. Die Magd, die es damals noch auf dem Krögerhof gab, habe die Bäuerin gerufen.

„Kann ich ein paar Eier kaufen, Frau Kröger?"

„Was haben Sie denn zu bieten, Frau Broschek?" Immer die gleiche Frage und immer die gleiche Antwort. Mutter holte einen Silberlöffel unter der Schürze hervor. Die Bäuerin nahm ihn wortlos an sich, verschwand in der Speisekammer. Ein Stück Speck brachte sie oder ein halbes Pfund Butter oder sechs Eier, was sie gerade zur Hand hatte. So geriet Mutters Silber von Danzig nach Ammersby in Bauer Krögers Schublade, um dort zu liegen, mehr als dreißig Jahre.

Bauer Kröger saß während des stillen Tauschgeschäfts der Frauen in der Küche. Er sog zufrieden an seiner Pfeife und sagte jedes Mal, wenn Mutter kam, das gleiche: „Sie wissen ja, Frau Broschek, alles hat seinen Preis, umsonst ist nur der Tod."

„Na gut", sagte der alte Kröger, „für siebenhundertfünfzig können Sie den Plunder haben."

Broschek holte sieben Hunderter und einen Fünfziger aus der Brieftasche, zählte das Geld auf den Tisch.

„Der Bengel ist mir fix teuer geworden", lachte Kröger. „Zweihundertfünfzig Mark Verlust, weil er einen Teelöffel im Sand verbuddelt hat."

„Soll ich das Silber abwischen?", fragte die Frau. Broschek schüttelte den Kopf. Da nahm sie die beiden Kaffeelöffel, die zum Umrühren auf dem Tisch lagen, und ging mit ihnen hinaus, um wenigstens sie zu säubern.

Als sie fort war, fragte Broschek: „Was ist eigentlich aus der alten Wagenremise geworden?“

Kröger stutzte. „Die ist vor zwanzig Jahren abgebrannt. Aber woher kennen Sie unsere Wagenremise? Sie kommen doch aus dem Rheinland.“

„In der schlechten Zeit habe ich mal in Ihrer Wagenremise gewohnt.“

Broschek nannte seinen Namen. Da schlug der alte Kröger sich mit beiden Fäusten auf die Schenkel.

„Donnerwetter! Das hab ich nie und nimmer gedacht, dass du so lange leben wirst, kleiner Fritz. Du warst doch ziemlich mickerig und schwach auf der Brust, und jetzt bist du ein richtiger Advokat geworden. Na, ist das denn zu glauben?“

Er riss die Tür auf.

„Grete, bring die Buddel und zwei Gläser! Der junge Herr hier, weißt du, wer das ist? Das ist der kleine Fritz Broschek aus unserer Wagenremise.“

Als die Frau mit der Schnapsflasche und den Gläsern kam, reichte sie Broschek die Hand. „Dann haben wir ja zusammen gespielt“, sagte sie scheu. „Und zur Schule sind wir auch gemeinsam gegangen, bis Sie sich schämten, neben einem Mädchen auf der Straße zu gehen. Sie waren immer hundert Meter voraus, und ich lief hinterher.“

Kröger schenkte ein. Als er das Glas hob, sagte Broschek: „Das Silber gehörte meiner Mutter. Sie hat es Stück für Stück zu Ihnen ins Bauernhaus getragen, um Eier und Speck einzutauschen."

„Ich weiß, ich weiß", winkte der alte Kröger ab. „Es waren lausige Zeiten damals, alles hatte seinen Preis, umsonst war nur der Tod."

Sie stießen an auf das Wiedersehen nach so vielen Jahren. Der alte Kröger konnte sich gar nicht beruhigen.

Nein, wie es bloß wunderlich zugeht in der Welt! Da lebt einer viereinhalb Jahre in der Wagenremise, stirbt fast an Schwindsucht, wird Advokat am Rhein und kommt eines schönen Tages nach Angeln, um Silber zu kaufen, das er von Danzig nach Ammersby getragen hat. Nein, so eine Geschichte kannst du dir nicht ausdenken, die muss so wahr sein.

Als sie getrunken hatten, fragte Kröger, ob sie noch zum Landkaufen in die Gegend fahren wollten. Broschek schüttelte den Kopf.

„Um ehrlich zu sein, ich bin nur des Silbers wegen gekommen. Meine Mutter wird bald fünfundsiebzig. Ich will ihr das Silber zum Geburtstag schenken."

Impressum

Bibliographische Information der Deutschen Bibliothek
Die Deutsche Bibliothek verzeichnet diese Publikation in der Deutschen Nationalbibliographie; detaillierte bibliographische Daten sind im Internet über <http://dnb.ddb.de> abrufbar.

ISBN 978-3-8319-0851-6

2. Auflage 2024

Titelfoto: picture alliance / ASSOCIATED PRESS
Lektorat: Werner Irro, Hamburg
Gestaltung: BrücknerAping, Büro für Gestaltung, Bremen
Gesamtherstellung: CPI books GmbH, Leck

www.ellert-richter.de
www.facebook.com/EllertRichterVerlag
www.instagram.com/ellert_richter_verlag